50 einfache Dinge, die Sie über Wein wissen sollten

Wolfgang Staudt

50 einfache Dinge, die Sie über Wein wissen sollten

Westend Verlag

Dr. Wolfgang Staudt ist Dozent und Weinprofi mit dem weltweit angesehenen *Diploma in Wine and Spirits*. Seit 1995 ist er selbstständiger Veranstalter von Seminaren, Schulungen und Weinevents (www.staudt-weinseminare.de). Er schreibt für verschiedene Magazine und Tageszeitungen. Im Westend Verlag sind von ihm bereits die beiden Bücher *Fünfzig Weißweine, die Sie kennen sollten* sowie *Fünfzig Rotweine, die Sie kennen sollten* erschienen.

3. Auflage 2007

Die Deutsche Bibliothek verzeichnet diese Publikation in der Deutschen Nationalbibliografie. Detaillierte bibliografische Daten sind im Internet über http://dnb.ddb.de abrufbar.
ISBN 3-938060-04-2
ISBN 978-3-938060-04-9

Umschlaggestaltung: pro natur, Frankfurt
Satz: Publikations Atelier, Dreieich
Druck: Freiburger Graphische Betriebe
Printed in Germany

Inhalt

Geschmack am Wein finden – auf Sie selbst kommt es an!

Wein ist ein Juwel menschlicher Kulturleistung. Kein anderes Nahrungs- oder Genussmittel präsentiert sich in solch ungeheurer Vielfalt, und kaum ein anderes kann uns auf so gänzlich unterschiedliche Art ansprechen und wechselnde Stimmungen und Anlässe begleiten. Sie können sich eigene, ganz intime Begegnungen mit diesem faszinierenden Getränk organisieren – wann und an welchem Ort auch immer. Die Verfügbarkeit war noch nie so universell wie heute: War es früher üblich, die lokalen Weine aus der näheren Umgebung zu trinken, stehen Ihnen heute Weine aus der ganzen Welt fast überall zur Verfügung. Sie haben die Qual der Wahl!

Gefragt sind Ihr Geschmack und Ihre persönlichen Vorlieben. Weder der hohe Preis noch die überschwängliche Expertenkritik garantieren Ihnen ein individuelles Trinkvergnügen: Was Ihnen schmeckt und gut tut, können nur Sie selbst herausfinden, denn im Geschmack spiegeln sich die eigene Persönlichkeit und individuelle Erfahrungen ebenso wie Temperament und Selbstverständnis wider, manchmal auch der Bildungsgrad und die soziale Herkunft.

Differenzierte sensorische Wahrnehmung wird einem nicht in die Wiege gelegt, aber sie kann erlernt werden. Probieren und immer wieder probieren, heißt deshalb die Devise. Probieren Sie, vergleichen Sie, und finden Sie heraus, was Sie mögen und was Sie nicht mögen. Und versuchen Sie dabei konkret zu sagen, warum Sie den einen Wein sympathisch finden, den anderen hingegen nicht. Ignorieren Sie Moden, bleiben Sie bei Ihrer Meinung und entwickeln Sie allmählich Ihren ganz persönlichen Zugang zum Wein.

Es kommt also auf Sie an, auf Ihre Vorlieben und Neigungen, Stimmungen und Erfahrungen, nicht zuletzt auf Ihre Bereitschaft, sich auf einen Wein und seine geschmacklichen Besonderheiten einzulassen. Passiv zu bleiben und zu erwarten, dass er Sie von sich aus verzaubert, ist wenig Erfolg versprechend. Je anspruchsvoller und vielschichtiger ein Wein ist, desto aktiver sollten Sie sich ihm gegenüber verhalten. Gehen Sie auf ihn zu, entdecken Sie seine Geheimnisse – und Sie werden reichlich belohnt.

Sicherlich entscheidet in der Mehrzahl der Fälle Ihr erster Eindruck. Ein Wein kann Ihnen zum Beispiel auf den ersten Blick gefallen, weil der Glanz seiner tiefroten Farbe Sie spontan begeistert. Oder ein anderer spricht Sie direkt an, weil er ein wundervolles Aroma entfaltet. Wenn Ihnen hingegen das Äußere schon nicht sympathisch ist, nähern Sie sich ihm wahrscheinlich mit der bangen Befürchtung, dass er Sie auch an Nase und Gaumen enttäuschen wird.

Wenn Sie jedoch einmal die Erfahrung gemacht haben, dass es sich auszahlt, sich Zeit zu nehmen, um einen Wein kennen zu lernen, ihn zu entdecken, zu erobern, zu lesen und seine Individualität zu verstehen, werden Sie immer wieder auf diese Erfahrung zurückgreifen. Die Begegnung wird dann zu einem aktiven Prozess: Sie studieren und bestaunen den Wein von allen Seiten, bevor Sie sich ihm vorsichtig nähern und ihn dann in vollen Zügen genießen.

Weil wir aber einem Wein nicht immer auf die gleiche Weise, in der gleichen Stimmung und im gleichen Kontext begegnen, wird er uns auch nicht immer gleich gut schmecken. Das kennen alle, die einmal in einem kleinen Restaurant an der Amalfiküste gesessen und zum gegrillten Meeresfisch köstlichen Rosé aus lokalem Anbau genossen haben. Der gleiche Wein, Wochen später an einem verregneten Herbstabend nach einem anstrengenden Arbeitstag in den eigenen vier Wänden getrunken, beschert dann eine schmerzliche Differenzerfahrung: Er wird als dünne Plörre empfunden.

Ihre Stimmung, die Umgebung, die Menschen, die mit Ihnen am Tisch sitzen, die Gläser, aus denen Sie ihn trinken und zahlreiche weitere Aspekte geben den Ausschlag, wie genüsslich Sie einen Wein erleben. Weder beschert ein hoher Preis quasi zwangsläufig großen noch ein niedriger Preis notwendigerweise kleinen Genuss. Noch einmal: Auf Sie selbst kommt es an, was ein Wein Ihnen gibt, oder besser: was Sie aus ihm herausholen.

Vor diesem Hintergrund sollten Sie auch die Weinbewertungen von Experten mit Vorsicht genießen und sie lediglich als das sehen, was sie wirklich sind: der Versuch, subjektive Tatbestände aus Expertensicht objektiv zu bewerten. Dieser Bewertung werden – zum Teil sehr unterschiedliche – Qualitätskriterien zugrunde gelegt, die es erlauben, einen Wein auf einer Skala zu qualifizieren. Hat ein Wein zum Beispiel auf einer 100-Punkte-Skala 93 Punkte erreicht, bedeutet das, dass dieser Wein aus Sicht des Experten über eine ausgezeichnete Qualität verfügt. Wie dieser Wein schmeckt und wem er zu welchen Anlässen gefällt, ist damit jedoch keineswegs gesagt.

Nicht selten sind gerade hoch bewertete Weine besonders voraussetzungs- und anspruchsvoll und lassen sich schwieriger erschließen als etwas einfachere Vertreter. Unter ihnen sind viele, die noch reifen müssen und den wahren Trinkgenuss erst ein paar Jahre später bescheren. Andere wiederum präsentieren sich aromatisch und geschmacklich zwar sehr originell, aber ihre Art ist ungewohnt und gewöhnungsbedürftig. Was Ihnen beispielsweise großes Vergnügen bereitet, kann andere deshalb irritieren und verunsichern.

Ob Ihnen ein Wein gefällt, hat deshalb weit mehr mit seiner Stilistik – also seiner optischen, aromatischen und geschmacklichen Performance – als mit seiner Güte zu tun. Der eine mag die Süßen lieber als die Trockenen, der andere die Roten lieber als die Weißen und ein Dritter die Gereiften lieber als die Jugendlichen. Da gibt es Menschen, die vergöttern die roten Bordeaux, von den ebenso teuren und nicht minder begehrten roten Burgundern wollen sie jedoch nichts wissen. Die einen lieben Syrah, die anderen stehen auf den Geschmack von Cabernet Sauvignon. Mit Qualität im Sinne von Güte hat all das jedoch nichts zu tun: Trockene sind nicht besser als Süße, Rote nicht besser als Weiße.

Stilistische Präferenzen bestimmen das, was einem gefällt, genau wie auf den Feldern der Kunst, Musik oder Literatur: Der vom Kritikerpapst Marcel Reich-Ranicki am enthusiastischsten besprochene Roman ist nicht notwendigerweise auch der, der Ihnen persönlich am besten gefällt. Und ob Sie lieber die Musik von den Beatles oder den Rolling Stones hören, ist eine subjektive Geschmackspräferenz, keine Güteaussage. Jazz ist nicht besser als Klassik, Goethe nicht besser als Schiller. Gleiches gilt für Wein: Das, was gut ist, muss ebenso wenig jedem schmecken, wie das, was jedem schmeckt, gut sein muss. Sie sollten also die Qualität eines Weines nicht voreilig in Frage stellen, bloß weil Sie ihn nicht mögen.

Was einem ein Wein wert ist, lässt sich recht gut am Preis ablesen, den man für ihn zu zahlen bereit ist. Dabei hat nahezu jeder eine Schwäche für preiswerten Wein, für Weine mit gutem Preis-Genuss-Verhältnis. Aber auch hier lauert die Falle der Subjektivität: Denn das Produkt, das dem einen seinen Preis wert ist, kann von anderen durchaus als sündhaft teuer empfunden werden. So geht es uns mit Autos, Schmuck und Reisen, und so geht es uns auch mit Wein.

Seien Sie deshalb selbstbewusst und vertrauen Sie vor allem Ihrem eigenen Geschmack. Kaufen und trinken Sie nur solche Weine, die Ihnen gefallen, egal was andere davon halten. Wenn es welche sind, die nicht allzu viel kosten, haben Sie Glück; sind sie teuer, dann haben Sie vielleicht einen luxuriösen Geschmack und müssen sich fragen, wie oft Sie sich diesen Luxus leisten können. Bedenken Sie jedoch, dass sich Ihr Geschmack mit der Zeit wandeln kann, dass Ihnen morgen Weine gefallen können, zu denen Sie heute noch keinen Zugang finden. Die Welt der Weine wird sich vor allem denen als reich und vielfältig präsentieren, die neugierig und entdeckungsfreudig sind. Wenn Sie offen für neue Geschmackserfahrungen sind, empfehle ich Ihnen, in den unendlichen Reichtum der Weinwelt einzutauchen.

Sie erleben einen Wein intensiver, wenn Sie wissen, worauf Sie zu achten haben. Das gilt für die sensorische Begegnung an Nase und Gaumen genauso wie für die Dechiffrierung des Etikettes und das ganze Handling von der Lagerung bis hin zur Temperierung und Gläserwahl. Eine unverwechselbare Identität bekommt ein Wein jedoch erst, wenn Sie seine Wurzeln und seine Heimat kennen: das Klima, die Landschaft, die Böden, die Rebsorten und vor allem das Temperament und die Auffassungen der Menschen, die ihn gemacht haben.

Ihre Begegnungen mit Wein werden umso nachhaltiger, je mehr Sie über ihn wissen und je besser es Ihnen gelingt, ihn gemäß seiner besonderen Art zu behandeln. Für einfache Weine genügen auch einfache Umgangsformen. Es genügt, sie zu genießen – ergriffen und leidenschaftlich bewegt werden Sie von ihnen aber wahrscheinlich nicht sein. Die feinsten Weine sind dagegen so nuancenreich und komplex, so aufregend und stimulierend, dass sie Sie zugleich sinnlich und intellektuell berühren und Ihre ganze Aufmerksamkeit erfordern, um all ihrer Feinheiten habhaft zu werden. Große Weine sind wie große Gemälde und große Musik das Ergebnis großer Leidenschaft. Nicht die flüchtige Begegnung, sondern nur die bedingungslose Hingabe kann ihrer Größe gerecht werden.

Das vorliegende Weinbuch soll dazu beitragen, dass Sie Wein besser verstehen, bewusster erleben und intensiver genießen. Es macht Lust auf Wein, stärkt Ihre Kompetenz im Umgang mit diesem faszinierenden Getränk und hilft Ihnen, das sinnlich Erlebte und die vielschichtigen Eindrücke von Nase und Gaumen sprachlich auszudrücken. Es ist ein praktischer Ratgeber, der Weinwissen zum Anwenden vermittelt.

Es ist ein Buch für Menschen, die Freude am Wein haben und gleichzeitig den Wunsch, über die elementare Feststellung „Schmeckt!“ beziehungsweise „Schmeckt nicht!“ hinauszugehen. Es lädt auf die Reise zur Weinkennerschaft ein – aber nicht die Weinkennerschaft ist das Ziel, sondern der wunderschöne und lange Weg dorthin. Dieses Buch wird Ihnen unterwegs ein treuer und verlässlicher Begleiter sein.

Wein – was ist das eigentlich? Weintypen und Stile unterscheiden

Ganz nüchtern betrachtet ist Wein ein alkoholisches Getränk, das – gemäß der offiziellen Definition der EU – durch Vergärung des Saftes frisch gelesener Trauben in der Ursprungsregion nach lokalen Traditionen und Praktiken entsteht. Es ist ein weitgehend natürliches Produkt. Seine Komponenten entstehen aus den Trauben sowie den Wirkungen des Gärprozesses.

Chemisch gesehen ist Wein eine hydroalkoholische Lösung, die pro Liter 20 bis 30 Gramm löslicher Substanzen enthält, die seine Farbe und seinen Geschmack bilden, sowie einige 100 Milligramm flüchtiger Stoffe, die seinen Geruch ausmachen. Er besteht zwischen 70 und 90 Prozent aus Wasser, das den anderen Inhaltsstoffen als Lösungsmittel dient und die anderen Elemente unterstützt beziehungsweise balanciert. Nach dem Wasser ist der Alkohol (Äthanol) der zweitwichtigste Inhaltsstoff und macht am Gesamtvolumen eines Weins zwischen 8,5 und 15 Volumenprozent (Vol.%) aus.

Wenn Wein wirklich so einfach zu charakterisieren wäre, wäre er nicht das, was er ist: ein Juwel menschlicher Kulturleistung! Kein anderes alkoholisches Getränk übt eine vergleichbare Faszination aus, hat Kulturen, Landschaften und Künste so beeinflusst und geprägt wie der Wein. Der Mythos Wein ist nicht zuletzt der ungeheuren Vielfalt geschuldet, die ihn von anderen Getränken abhebt. Kein Wein schmeckt wie der andere. Jeder hat sein eigenes Profil und seine individuelle stilistische Performance. Doch was macht den Unterschied, was sind die Ursachen für die große Vielfalt in Aussehen, Aroma und Geschmack? Die wichtigsten Einflussfaktoren werden im Folgenden aufgeführt.

Der Faktor Natur

Die *Klimabedingungen* haben einen großen Einfluss auf den Weinstil. Am besten ist gemäßigtes Klima geeignet, denn bei Temperaturen weit über 30° C und unter 10° C stellt die Rebe ihr Wachstum ein. Für einen hochwertigen Wein ist eine lange und relativ kühle Reifeperiode optimal. Je kühler es ist, desto weniger Zucker können die Trauben bilden und desto säurereicher werden sie sein. Der Stil des Weines ist dann eher leicht, frisch und trocken. Unter wärmeren Bedingungen werden die Trauben zuckerreicher und säureärmer sein, wodurch vollere und rundere Weine entstehen. Weiße Trauben fühlen sich im kühlen Klima generell wohler als rote. Die mittlere Temperatur während der Reife hat starken Einfluss auf den Weinstil: Temperaturen über 21° C verringern die Säure erheblich, während unter 15° C die Ausreifung gefährdet ist. Der Wärmebedarf variiert jedoch auch je nach Rebsorte. Früh reifende Sorten (Chardonnay, Verdelho, Sauvignon blanc) reifen auch in kühlen Zonen recht gut aus, während spät reifende Sorten (Grenache, Mourvèdre, Carignan) eine lange, warme Wachstumsperiode benötigen.

Auch die optimale Licht- und Wasserversorgung der Rebe spielt eine herausragende Rolle. Licht fördert die Assimilation der Blätter, Feuchtigkeit ermöglicht das Wachstum der Rebe. Oft entscheidet die Landschaftsgestalt (Höhenlage, Hangneigung, Umgebung) darüber, inwieweit diese Voraussetzungen erfüllt werden. Winzige Details können hier ausschlaggebend sein, ob ein guter oder ein großer Wein entsteht.

Die jährlichen Schwankungen der Klimaverhältnisse manifestieren sich in den Jahrgangsbesonderheiten: Die Früchte des Rebstocks und somit der Charakter und die Qualität des Weines variieren auf diese Weise von Jahr zu Jahr. Deshalb sprechen die Winzer von schlechten, mittleren, guten und sehr guten *Jahrgängen*. Von herausragender Bedeutung ist die Witterung während der letzten vier bis sechs Wochen vor der Ernte. Wenn es während dieser Zeit warm und trocken ist, herrscht allseits große Zufriedenheit.

Auch der *Boden* hat einen großen Einfluss auf den Weincharakter. Doch worin genau dieser Einfluss besteht, kann niemand überzeugend nachweisen. Als sicher gilt, dass der Boden die Befriedigung bestimmter Grundbedürfnisse des Rebstocks gewährleisten muss: Er muss eine konstante, aber mäßige Wasserzufuhr liefern und für eine angemessene Luftzirkulation für das Wurzelsystem sorgen. Tagsüber muss er Wärme speichern und diese nachts an die Pflanze abgeben, und gleichzeitig muss er die unbändige Wuchskraft der Rebe durch geringe Fruchtbarkeit zügeln. Zusätzlich kann ein bestimmter Bodentyp mit einer besonderen mineralischen Zusammensetzung für eine Rebsorte förderlich sein und im Wein für Finesse sorgen: zum Beispiel Kalk in der Champagne, Feuerstein an der Loire, Urgestein in der Wachau oder Schiefer an der Mosel. Guter Wein wächst auf ganz verschiedenen Böden.

Je nach Standort ergibt jede Rebsorte sehr unterschiedliche Resultate. Das Zusammentreffen von Klima, Boden und Landschaft, Tag- und

Nachttemperaturen, Niederschlagsverteilung, Sonnenscheinstunden, Hangneigung und Höhenlage beeinflusst die Biologie des Weinstocks und die Wachstumsbedingungen der Traube von Standort zu Standort auf je sehr individuelle Weise. Die Gesamtheit dieser natürlichen Umwelt- und Existenzbedingungen des Rebstocks wird – nicht nur in Frankreich – mit dem Begriff *Terroir* bezeichnet.

Der Faktor Mensch im Weinberg

Es ist Sache des Winzers, die scheinbar unbeeinflussbaren natürlichen Bedingungen seiner Tätigkeit so zu nutzen, dass er Trauben von hoher Güte ernten kann. Ist der passende Standort gefunden, muss die Frage nach den geeigneten *Rebsorten* beantwortet werden. Zählt man alle noch so unbedeutenden Rebsorten mit, so kann er – zumindest theoretisch – aus einem Arsenal von weltweit über 5.000 verschiedenen Sorten wählen. Auf welche Sorte jedoch seine Wahl im Einzelnen fällt, ist keineswegs beliebig oder allein den Vorlieben des Winzers geschuldet. Sie orientiert sich neben den natürlichen Gegebenheiten des Weinbergs immer auch an den lokalen Traditionen der Weinbereitung, den gesetzlich fixierten Standards und selbstverständlich auch an den Anforderungen des Marktes. Die Wahl der Rebsorte ist also eine grundlegende Entscheidung mit enormen Konsequenzen für den mittel- und langfristigen Erfolg des Betriebes. Dies gilt umso mehr, wenn man bedenkt, dass die Rebstöcke mindestens ein Vierteljahrhundert alt werden sollten, damit sich die hohen Investitionen der Pflanzung rentieren.

Damit der Winzer sein Ziel – die Ernte qualitativ hochwertiger, reifer und gesunder Trauben – erreichen kann, muss er der Pflege seiner Weinberge größte Aufmerksamkeit zukommen lassen. Dazu gehören in erster Linie *Ertragsbegrenzungen*. Der Rebstock ist eine der wildwüchsigsten Pflanzen überhaupt und muss in seinem Wachstum begrenzt werden, wenn man hohe Traubenqualität anstrebt. Je mehr Trauben am Rebstock hängen, desto langsamer reifen sie. Die Pflanze verfügt über ein begrenztes Energiereservoir, und da macht es einen Unterschied, ob zwei, drei oder zwanzig Trauben am Stock wachsen.

Eine Begrenzung des Ertrags kann zum Beispiel durch die Wahl des richtigen Erziehungssystems, den Winterschnitt und die grüne Lese im Sommer erzielt werden. Das Erziehungssystem weist dem Rebstock die Form seines Wachstums zu, begrenzt oder eröffnet also Wachstumspotenziale. Die Pergola-Erziehung in Südtirol, die man an dem hochgezogenen Laubdach erkennt, ermöglicht zum Beispiel hohe Erträge, die Erziehung am Drahtrahmen hingegen geringere.

Wenn die Reben während der Winterruhe beschnitten werden, wird das Wachstumspotenzial des nächsten Jahres festgelegt. Umso mehr so genannte Augen der Winzer stehen lässt, desto mehr Triebe werden im Frühjahr austreiben. Und bei der grünen Lese schließlich wird einige Wochen vor der Lese der Traubenbehang ausgedünnt. Auf diese Weise wird die Qualität verbessert, denn so kann alle Energie, die dem Rebstock zur Verfügung steht, an wenige Früchte abgegeben werden.

Früher waren hohe *Bestockungsdichten* von 10.000 Reben pro Hektar und mehr selbstverständlich. Mit der Mechanisierung der Weinberge wurden geringere Bestockungsdichten erforderlich. Heute hat man längst wieder begonnen, die Anzahl der Rebstöcke pro Hektar zu erhöhen, denn für die Qualität der Früchte bringt das deutliche Vorteile:

- der Pilz- und Schädlingsbefall kann eingedämmt werden
- der Stockertrag geht deutlich zurück
- die Trauben sind gesünder, aromatischer und konzentrierter – wichtige Voraussetzungen für hohe Weinqualität.

Hohe Bestockungsdichten zwingen die Rebstöcke, tief zu wurzeln. *Tiefes Wurzelwerk* bringt vor allem folgende Vorteile: weitgehende Unempfindlichkeit gegenüber Nässe und Trockenheit sowie Zugriff auf Mineralien, die in den oberen Erdschichten nicht zu finden sind. *Alte Rebstöcke* (alt meint hier 30 bis 100 oder noch mehr Jahre) bieten beste Voraussetzungen für guten Wein, denn sie werfen nur wenig Ertrag ab, ihre Wurzeln dringen tief in den Boden und sie benötigen keinerlei Energie mehr für den Aufbau des Holzes.

Reben in Hochleistungsmonokulturen benötigen gelegentlich gezielte Düngung. Chemische Präparate erweisen sich in den meisten Fällen den organischen Materialien (Stallmist, Gründung) als überlegen, sollten aber generell nur zum Ausgleichen fehlender Nährstoffe und niemals zur Erhöhung der Produktion eingesetzt werden. Um Pilzkrankheiten und Insektenbefall zu begegnen, können Insektizide und Fungizide eingesetzt werden. Die Risiken, die mit dem Einsatz chemischer Präparate entstehen, haben in den vergangenen Jahren immer mehr Winzer dazu bewogen, Alternativen zu prüfen. Eine dieser Alternativen ist der *ökologische Weinbau*, der als Gegenkonzept zum konventionellen Weinbau immer attraktiver wird. Darunter versteht man die Traubenerzeugung ohne Verwendung von chemisch hergestellten Pflanzen- oder Bodenbehandlungsmitteln, Düngern sowie gentechnisch veränderten Produkten. Vielmehr wird der Weinberg als ganzheitliches System gesehen, die natürlichen Zusammenhänge zwischen Boden, Pflanze und Klima finden besondere

Berücksichtigung. Man geht davon aus, dass nur auf einem lebendigen Boden gesunde und robuste Reben gedeihen, die Früchte von hoher Qualität hervorbringen.

Geerntet wird, wenn die Trauben reif sind. Den optimalen *Lesezeitpunkt* gibt es jedoch nur theoretisch, in der Praxis ist er stets ein Kompromiss. Theoretisch sollte geerntet werden, wenn alle wichtigen Elemente wie Zucker, Säure, Tannin, Farbpigmente und Aromen (dazu mehr in den jeweiligen Abschnitten in dem Kapitel *Wein erkennen und bewusst genießen – sinnliche Eindrücke sprachlich ausdrücken*) an ihrem optimalen Reifelevel angekommen sind, selbstverständlich alle zum gleichen Zeitpunkt. In der Praxis muss der Winzer Prioritäten setzen, Risiken eingehen, Entscheidungen treffen und hoffen, dass der Wettergott mitspielt. Unzählige viel versprechende Ernten sind schon im wahrsten Sinne des Wortes ins Wasser gefallen, und das ist bei nur einem Versuch pro Jahr besonders schmerzlich.

Traditionell spielte speziell in Deutschland das Süßeniveau der Trauben die Hauptrolle bei der Ermittlung des optimalen Lesezeitpunktes. In den vergangenen Jahren hat sich jedoch die Erkenntnis verbreitet, dass die physiologische Reife der wohl entscheidendere Reifeparameter ist. Gemeint ist damit im Wesentlichen die Reife der Beerenschale und Kerne. In der Schale sind die Aromen, die Farbpigmente und – im Falle der Rotweine – auch die Gerbstoffe eingelagert. Wird im unreifen Zustand geerntet, kommen unreife, grüne und bittere Geschmacks- und Aromabestandteile in den Wein – und der Trinkgenuss ist dahin.

Selbstverständlich orientiert sich der Lesezeitpunkt auch am Weinstil, der angestrebt wird. Für die Erzeugung von Süßweinen ist die späte Lese ein Muss, während die Trauben für trockene Weine in der Regel schon früher gelesen werden können. Für Spitzenweine ist die Handlese unabdingbar. Die Maschinenlese ist zwar schneller und billiger, nur der Mensch kann jedoch selektiv vorgehen und minderwertiges Lesegut aussortieren. Es kann auch sein, dass das unwegsame Gelände, der Zeilenabstand oder das Erziehungssystem eine Handlese erforderlich macht.

Der Faktor Mensch in der Kellerwirtschaft

Aus minderwertigen Trauben einen erstklassigen Wein zu machen, das ist unmöglich – selbst wenn die modernste Kellertechnik vorhanden und ein erfahrener Weinmacher am Werk ist. Ein Wein kann nie besser sein als die Trauben, aus denen er gewonnen wird. Fehler und Unachtsamkeiten in der Weinbereitung (Vinifizieren) können jedoch leicht dazu führen, dass aus guten Trauben schlechte Weine gekeltert werden.

Wein ist ein natürliches Produkt, kein Resultat wissenschaftlicher Arbeit oder technischer Prozesse. Im Kern passiert nicht viel mehr als die Umwandlung von Zucker in Alkohol. Und wenn der gesamte Zucker des Mostes, also des gärfähigen Traubensaftes, in Alkohol umgewandelt worden ist, hört die Gärung von selbst auf. In diesem Fall sagt man, der Wein ist durchgegoren beziehungsweise trocken. Je mehr Zucker in den Trauben eingelagert ist, desto höher wird der Alkoholgehalt des trockenen Weines werden. Trockene Weine sind folglich von Natur aus der Normalfall.

Der Zuckergehalt des Mostes liegt im Allgemeinen zwischen 100 und 250 Gramm pro Liter (g/l). Er besteht etwa jeweils zur Hälfte aus Traubenzucker (Glucose) und Fruchtzucker (Fructose), wobei die Fructose der geschmacklich höherwertige Bestandteil ist. Aus etwa 17,5 g Zucker entsteht bei der Vergärung 1 Vol.% Alkohol. Um den Zuckergehalt des Mostes zu messen, ist es in Deutschland üblich, das so genannte Mostgewicht heranzuziehen. Das Mostgewicht misst das spezifische Gewicht des Mostes in der Maßeinheit „Öchsle-Grade“ – benannt nach dem Erfinder der Mostwaage, dem Pforzheimer Goldschmied Ferdinand Öchsle. Dieses Maß gibt an, um wie viel Gramm ein Liter Most schwerer (besser: dichter) ist als ein Liter Wasser bei 20° C. Wiegt zum Beispiel ein Liter Most 1080 g, dann beträgt das Mostgewicht dieses Weines folglich 80° Öchsle. Aus 8° Öchsle kann etwa 1 Vol.% Alkohol entstehen, 80° Öchsle entsprechen demzufolge einem potenziellen Alkoholgehalt von etwa 10 Vol.%.

Diese natürlichen Prozesse laufen weitgehend ohne menschliche Eingriffe ab. Sollen jedoch Weine von besonderer Güte entstehen, bedarf es der geschickten Hand des Kellermeisters. Dabei zeigt es sich, dass es letztlich weniger kellertechnische Kompetenzen und Chemiekenntnisse sind, die große Weine entstehen lassen, sondern große Winzerpersönlichkeiten. Diese Menschen haben zum einen sehr intime Kenntnisse über den Charakter des Terroirs und der jeweils geernteten Trauben und zugleich den Willen, diesem Charakter im Vinifizierungsprozess zum Durchbruch zu verhelfen. Zum anderen verfügen sie über vorzügliche sensorische Qualitäten, die sie befähigen, den Entstehungsprozess eines Weines mit Nase und Gaumen intensiv zu begleiten und Eingriffe sensorisch zu fundieren. Große Weine stammen häufig aus den Händen sensibler Menschen, die eine intensive, sehr sinnliche Beziehung zu ihrem Produkt, seiner Entstehung und seinem Vergehen ausgebildet haben.

Doch weder geschmackliche Modeströmungen noch technologische Allmachtsphantasien machen vor den Türen der Weinkeller halt. Die Kellertechnik macht möglich, was der Markt verlangt: Weine mit Farbintensität, Brillanz und optischer Schönheit, die konzentriert und alkoholreich sind und sich am Gaumen weich, mollig-süß und schmeichlerisch präsentieren und möglichst schon jung zu trinken sind. Um diesem Zeitgeist gerecht zu werden, kommt das ganze Repertoire moderner Kellertechnik zum Einsatz, und nicht selten entstehen dabei gemacht wirkende, unnatürliche Kunstprodukte, die den einen erschrecken, den anderen beeindrucken – wahre Trinkfreude aber bescheren sie in den seltensten Fällen.

Wie lässt sich Ordnung in die Welt der Weine bringen?

In der Welt der Weine findet sich besser zurecht, wer in Anbetracht der ungeheuren stilistischen Vielfalt zumindest die wichtigsten Typen und Stilrichtungen identifizieren und auseinander halten kann. Als Ordnungskriterien dienen Farbe, Produktionsmethode und Geschmacksrichtung.

- Die *Farbe* unterscheidet die Welt der Weine in weiß, rosé und rot.
- Je nach *Produktionsmethode* entstehen entweder stille, schäumende oder aufgespritete Weine. Unter „normalen" Umständen entstehen Stillweine. Die beiden Spezialtypen verlangen für ihre Entstehung besondere Bedingungen, die vom Weinmacher durch gezielte Eingriffe gewährleistet werden.
- Die markantesten *Geschmacksunterschiede* beschreiben ein Kontinuum von gänzlich trocken bis hin zu extrem süß.

Wenn wir nun die Merkmalsausprägungen von Farbe, Produktionsmethode und Süßeniveau systematisch verknüpfen, ergeben sich folgende wichtige Weintypen:

- *Trockene Weißweine* (weil „still" die Regel ist, muss das nicht eigens betont werden)
- *Rotweine* (weil „trocken" und „still" die Regel sind, muss das nicht eigens betont werden)
- *Rosé* (weil „trocken" und „still" die Regel sind, muss das nicht eigens betont werden)
- *Schaumweine* (meist trocken und weiß, seltener süß, rosé oder rot)
- *Süßweine* (meist weiß, seltener rot oder rosé)
- *Aufgespritete Weine* (meist süß und rot, seltener trocken oder weiß)

1 Trockene Weißweine – von knackig und frisch bis fett und nussig

Was genau ist eigentlich gemeint, wenn von einem trockenen Weißwein die Rede ist? So werden Weine bezeichnet, die auf der Basis weißer Rebsorten mit einer weißen Farbe – die aber faktisch irgendwo zwischen blassen Grün- bis hin zu kräftigen Goldtönen anzusiedeln ist – hergestellt werden, und die trocken sind, das heißt keine geschmacklich relevante Süße haben.

Trockene Weißweine finden sich in der ganzen Welt. Sie übertreffen die Zahl der süßen Weißen um ein Vielfaches. Deutschland ist da eine kleine Ausnahme: Hier ist der Anteil halbtrockener und lieblicher Weißweine überdurchschnittlich hoch. Generell entstehen in kühleren Regionen leichtere und säurebetontere Weine. Obwohl der Klimawandel bereits erste Auswirkungen zeigt, sind vor allem die nördlichen deutschen Anbaugebiete (Mosel-Saar-Ruwer, Mittelrhein, Nahe, Rheingau) für diesen leichteren Stil prädestiniert. Südeuropa und die Mehrzahl der Anbaugebiete in der Neuen Welt (Nord- und Südamerika, Südafrika, Australien und – mit Einschränkung – Neuseeland) bringen auf der Basis wärmerer Temperaturen und einer höheren durchschnittlichen Sonnenscheindauer alkoholreichere und säureärmere Weine hervor. Entsprechend ihrer jeweiligen Stilistik verfügen trockene Weißweine über ein großes Spektrum an Verwendungsmöglichkeiten (siehe hierzu die Kapitel *Wein richtig servieren und in Gesellschaft genießen* und *Wein und Speisen – über Regeln und wie man sie bewusst verletzt*). Um Ihnen die Unterschiede in der Stilistik etwas zu verdeutlichen, habe ich im Folgenden versucht, Weißweine in die vier Rubriken Klassiker, Newcomer, Juwele und Langweiler einzuteilen.

Klassiker

Als Klassiker gelten Weine mit einer historisch gewachsenen stilistischen Identität und einem etablierten Geschmacksprofil. Es sind Weine mit weltweiter Reputation und Vermarktung, mit Ursprungsschutz und präzisen gesetzlichen Definitionen. Der trockene Weißwein kennt weltweit ein Vorbild par excellence: Burgund. Die meiste Anerkennung genießen dort die nussigen und am Gaumen sehr konzentrierten und cremigen Weine aus Meursault und Montrachet. Das Gebiet Chablis weiter nördlich erbringt aus derselben Rebsorte – nämlich Chardonnay – schlankere Weine mit größerer Frische und Vitalität.

Klassiker bringen auch die Anbaugebiete der Loire hervor. Im oberen, kontinental geprägten Flussbereich sind das die säurebetonten Weine von Sancerre und Pouilly-Fumé aus der aromatischen Sorte Sauvignon blanc. Im Bereich der mittleren Loire um die Stadt Anjou wachsen in den Zonen Savennière und Vouvray feinduftige, aber recht eigenwillige Weißweine aus der Rebsorte Chenin blanc. Und schon in der Bretagne im Bereich der Loire-Mündung entsteht um die Stadt Nantes der spritzige, zitronige Muscadet – ein Klassiker zu Austern.

Ein weiterer Klassiker hat seine Heimat weiter südlich, ebenfalls in Atlantiknähe. Es ist der weiße Bordeaux aus dem kleinen Teilbereich Pessac-Léognan. Genau wie die Burgunder benötigen diese trockenen, im Eichenfass (auch Barriquefass genannt, siehe das Kapitel 15, *Neuholzeinfluss – Gütesiegel oder kurzfristige Mode?*) ausgebauten Verschnitte aus Sémillon und Sauvignon blanc Zeit zum Reifen. Dann aber zählen sie zum Raffiniertesten, das die Weißweinwelt zu bieten hat.

Schließlich liefert das Rhônetal ein klassisches Dreigestirn: Hermitage, Châteauneuf-du-Pape und Condrieu. Letzterer ist einer der verführerischsten trockenen Weißweine, die beiden anderen zählen zu den wahrscheinlich gewöhnungsbedürftigsten und individuellsten Weißweinen Frankreichs.

Früher hätte man auch Riesling und Pinot Gris aus dem Elsass erwähnen müssen, doch diese haben sich in den letzten Jahren immer mehr zu halbtrockenen, gelegentlich sogar lieblichen Weinen entwickelt. Und auch die in Italien als Klassiker geltenden Soave, Frascati, Orvieto und Verdicchio können nicht als vergleichbare Felsen in der Brandung wechselnder Geschmackstrends gelten.

Newcomer

Die Newcomer sind die Aufsteiger und Emporkömmlinge in der Weinszene, die selten über ein ausgereiftes, fest umrissenes stilistisches Profil verfügen. Sie suchen gewöhnlich Erfolg durch Orientierung am stilistischen Mainstream. Gelegentlich sind es aber auch mutige, eigenwillige und höchst individuelle Kreationen, denen größere Publizität zu wünschen wäre.

Sie kommen zum überwiegenden Teil aus vom Sonnenschein verwöhnten Regionen der Neuen Welt. Zwei Rebsorten dominieren den Markt: Chardonnay und Sauvignon blanc. Die Weine aus beiden Sorten werden jeweils in zwei unterschiedlichen Stilrichtungen angeboten: mit und ohne Eichenholzkontakt.

Kalifornien bringt kräftige, wunderbar cremige und in der Spitze ungemein edle Weine mit Fassausbau auf Basis der Chardonnay-Traube hervor. Australien hatte lange Zeit den Ruf, den Eichenholzeinsatz und den damit einhergehenden Geschmack nach Karamell, Röstaromen und Butter zu übertreiben. Den Umgang mit dieser edlen Rebsorte haben die Winzer von Down Under jedoch immer weiter perfektioniert und sie bringen heute zum Teil überwältigend gute Exemplare ohne Eichenholzkontakt auf den Markt. Beachtlich sind mittlerweile auch Chardonnay-Weine aus Neuseeland und Südafrika.

Neuseelands eigentliche Stärke ist jedoch Sauvignon blanc, und Marlborough gilt zu Recht als die zweite Heimat dieser Rebsorte – und das ist deshalb besonders bemerkenswert, weil die erste Sauvignon-blanc-Rebe hier erst im Jahr 1973 gepflanzt wurde. Binnen weniger Jahre sind diese Weine weltweit zum Maßstab für hochwertigen Sauvignon blanc geworden: aromatisch, üppig ausgestattet mit exotischer Frucht, enormer Vitalität und schmeichelndem Gaumenauftritt. Zudem gibt es noch einige südafrikanische Sauvignons, die sich anschicken, Franzosen und Neuseeländer nervös zu machen, während das Gros jedoch meist dünn und flach ausfällt.

Juwele

Um es gleich vorweg zu sagen: Es sind keine Weine, die jedem gefallen. Aber sie sind charaktervoll, im besten Sinne des Wortes individuell und originell, oder anders formuliert: geschmackliche Herausforderungen.

In der Regel haben sie eher lokale Bedeutung, auf jeden Fall zählen sie aber zu meinen besonderen Empfehlungen. Allen voran sind dies die Rieslinge aus Deutschland und Österreich, die mit ihrer inneren Spannung aus Frucht und Säure eine seltene Delikatesse darstellen. Grüner Veltliner aus Österreich kann, wenn alles passt, an Riesling heranreichen. Sauvignon blanc aus der Steiermark vermählt die zurückhaltende Eleganz eines Sancerre mit der Expressivität neuseeländischer Sauvignon blancs und ist auf dem besten Weg, ein Klassiker zu werden. Die Schweiz bringt wundervoll vitale und aromatische Weine aus den Rebsorten Petit Arvine im Wallis und Completer in Graubünden hervor. Schließlich ist es Südtirol, das mit einer ganzen Palette wunderbar harmonischer Weißweine aus ganz unterschiedlichen Rebsorten aufwartet. Hier gelingt sogar der ansonsten wenig aufregende Müller-Thurgau überaus köstlich. Und eine letzte Empfehlung ist schließlich Semillon aus dem australischen Hunter Valley.

Langweiler

Man muss es leider sagen: Die große Masse der weltweit erzeugten trockenen Weißweine sind – bestenfalls technisch korrekt gemachte – Langweiler. Sie entstehen überall und aus allen verfügbaren Rebsorten. Wenn die nötige Sorgfalt und Begeisterung im Produktionsprozess fehlt, können die Resultate eben nur einfach sein. Solange es sich um Weine im unteren Preissegment (bis 2 Euro) handelt, zielt hier sicherlich jede Kritik ins Leere. Doch auch im mittleren (bis 7 Euro) und sogar im höheren Preissegment (über 7 Euro) werden zu viele Weine in meist großen Stückzahlen auf unkompliziert und charakterlos getrimmt, nur um den Mainstreamgeschmack besser bedienen zu können.

Zwei Entwicklungen stehen ganz besonders für geschmackliche Langeweile: die weltweite Fokussierung auf eine Hand voll international gepflanzter Rebsorten und die Methode, die Weine bei sehr niedrigen Temperaturen vergären zu lassen (Kaltvergärung), die immer dieselben Aromen hervorbringt. Das wäre ohne Bedauern hinzunehmen, wenn es nicht mittel- und langfristig die Gefahr in sich trüge, dass originellen, weniger konformen Weinstilen der Markt verloren geht. Die immer stärkere Konzentration auf leicht vermarktbare Stile wird auf Dauer immer mehr Winzer dazu zwingen, sich den Gesetzen des Marktes zu unterwerfen und eben solche Weine zu produzieren, die erfolgreich verkauft werden können. Doch zum Glück gibt es bereits Gegentrends, die eine Rückbesinnung auf autochthone Rebsorten und regionale Weinstile vertreten.

Wussten Sie schon ...

- Weißwein kann aus weißen und aus roten Trauben gewonnen werden. Das Fruchtfleisch der meisten Rotweintrauben ist farblos, weshalb aus ihnen Weißweine entstehen, wenn die farbspendenden Bestandteile der Schale vor der alkoholischen Gärung weggepresst werden und der entstehende Wein keine Möglichkeit hat, Farbstoffe zu extrahieren. Das ist beispielsweise gängige Praxis in der Champagne, wo regelmäßig zwei rote Sorten, nämlich Pinot Noir und Pinot Meunier, für die Herstellung des „weißen" Champagners verwendet werden.
- Weißweine werden mit zunehmendem Alter dunkler. Dafür ist ein Oxidationsprozess verantwortlich, der sich unaufhaltsam fortsetzt und nach sehr langer Flaschenreife im Bernsteinfarbenen endet.

2 Roséweine – mehr als Sommer- und Partyweine?

Roséweine werden wie Rotweine aus roten Trauben hergestellt. Für die Färbung sind so genannte Anthozyane verantwortlich, jene blauen, pinkfarbenen oder roten Pigmente, die vor allem in der Beerenhaut im Verlaufe des Reifungsprozesses eingelagert werden. Das Fruchtfleisch der allermeisten roten Trauben ist jedoch farblos, weshalb aus ihnen auch Weißweine hergestellt werden können.

Die Anthozyane der roten Trauben sind vor allem in Alkohol, etwas schwieriger auch in Wasser löslich. Deshalb genügt es, den Most aus roten Trauben vor der Gärung einige Stunden mit den Schalen einzumaischen, um die hellrote Tönung der Roséweine hervorzurufen. Da die Extraktion von Tannin (siehe dazu Kapitel 13, *Tannin – Formgeber für Rotweine*), ein Stoff, der ebenfalls in der Beerenschale eingelagert ist, relativ spät erfolgt – meist erst circa 20 Stunden nach Einsetzen der Farbextraktion – kann ein Rosé zu seiner Farbe kommen, ohne gleichzeitig Tannin aufzunehmen. Tannine finden sich folglich hauptsächlich in Rotweinen, und deshalb präsentieren sich Roséweine stilistisch sehr viel näher am Weiß- als am Rotwein.

Roséweine sind die Komparsen auf der Bühne des Weins. Fragen Sie einen beliebigen Weinkenner, ob er sich erinnert, jemals einen bemerkenswerten Rosé getrunken zu haben, und Sie werden verständnisloses Achselzucken ernten. Sie gelten als die Weine, mit denen niemand gerne ertappt werden möchte. Und wenn doch, dann stehen sie für unkomplizierten und preiswerten Trinkgenuss, und damit basta.

Ganz so ist es zum Glück nicht. Rosé ist der Sommerwein schlechthin, maßgeschneidert für Parties, Picknicks und Essen im Freien, auf der Terrasse oder im Garten. Er ist ein universeller Speisenbegleiter und will jung und gut gekühlt genossen werden. Die interessantesten Roséweine kommen aus Frankreich und Spanien und werden fast immer aus der Rebsorte Grenache bereitet. Ein ausgezeichneter Kauf sind meistens die Weine aus Rioja und Navarra, und ihnen nicht unähnlich sind die Vertreter der südlichen Rhône. Die Bekanntesten sind hier Tavel und Lirac. Sie alle zeigen kräftige Farbe, einen fruchtig-erfrischenden, runden und trockenen Gaumenauftritt mit kräftigem Körper (siehe dazu das Kapitel 12, *Körper und Alkohol – von schlank bis füllig)* und leicht würzigem Abgang.

Bordeaux erzeugt einige der feinsten Rosé. Oft entstehen sie als Nebenprodukt bei der Rotweinherstellung. Um den Geschmack eines Rotweins zu konzentrieren, kann der Winzer zu Beginn etwas Saft des Vorlaufmostes wegnehmen und daraus einen wundervoll charmanten Rosé machen. Ebenfalls ausgezeichnete Weine entstehen im Loiretal, werden jedoch meist von den Menschen vor Ort getrunken. Im Export finden sich vor allem die lieblichen Rosé d'Anjou. Der erfolgreichste Rosé der Welt ist der liebliche und leicht schäumende Mateus Rosé aus Nordportugal.

Rotweine – von leicht und fruchtig bis gehaltvoll und dunkel

3

Rotweine unterscheiden sich von Weiß- und Roséweinen nicht nur durch ihre – mehr oder weniger intensive – Rotfärbung, sondern vielleicht mehr noch durch die geschmacklich wirkungsvolle Präsenz all jener Stoffe, die der Wein im Laufe seines Entstehungsprozesses aus der Beerenhaut extrahiert hat: die so genannten Polyphenole. Dazu zählen die bereits erwähnten Anthozyane und – bedeutungsvoller noch – die Tannine. Dass diese Elemente die Stilistik eines Rotweines vielleicht noch mehr prägen als seine Farbe, bemerken Sie, wenn Sie den Wein mit verbundenen Augen verkosten. Das Erkennungsmerkmal der allermeisten Rotweine ist eine mehr oder weniger ausgeprägte Adstringenz, das heißt das Gefühl, dass sich Ihr Gaumen zusammenzieht und austrocknet. Deswegen genießt man Rotweine zu gänzlich anderen Trinkanlässen als Weißweine: seltener als Solisten, sondern überwiegend als Begleiter kräftiger und fester Speisen, weniger zur Erfrischung denn zur Stärkung.

Wenngleich heute überall in der Welt Rotwein hergestellt wird, so gelten doch zu Recht Frankreich, Italien und Spanien als die klassischen Rotweinländer. Diese drei Länder verfügen über die notwendigen natürlichen Voraussetzungen (Klima, Böden, Rebsorten) und einen langen Erfahrungsschatz im Umgang damit. Portugal, Österreich, Deutschland und zunehmend auch Osteuropa haben jüngst bewiesen, dass die Bereitung schmackhafter Rotweine in Europa nicht auf das klassische Triumvirat begrenzt ist. Die härteste Konkurrenz kommt jedoch aus den Ländern der Neuen Welt. Um Ihnen gewisse Unterschiede bei den Rotweinen zu verdeutlichen, möchte ich wiederum auf die Unterteilung in Klassiker, Newcomer, Juwele und Langweiler zurückgreifen.

Klassiker

Viele Rotwein-Klassiker kommen aus Frankreich. Die Weine aus Bordeaux, Burgund und von der Rhône gelten weltweit als Maßstab und Orientierung. Wo auch immer Weine aus den Rebsorten Cabernet Sauvignon oder Merlot erzeugt werden, die Klassiker aus Bordeaux sind das große Vorbild. Eben diese Rolle übernehmen Burgund für die Sorte Pinot Noir (Spätburgunder) und die Rhône für Syrah und Grenache.

Bordeaux steht für finessenreiche, tanninbetonte und in der Qualitätsspitze ungemein langlebige Rotweine. Der Burgunder präsentiert sich vergleichsweise feminin: mit weniger Tannin, mehr Säure, geringerem Reifebedarf, zudem ist er ungeheuer feinduftig. Von der nördlichen Rhône kommen dichte, konzentrierte, tanninbetonte und eher kühl wirkende Gewächse, während die Vertreter der weiter südlich gelegenen Gebiete – allen voran der Châteauneuf-du-Pape – sehr viel mehr Feuer, Temperament und Generosität versprühen.

Italienische Klassiker finden wir im Piemont und in der Toskana: Barolo, Barbaresco und Brunello. Die beiden ersten zählen zu den langlebigsten Rotweinen überhaupt. Sie sind reichlich ausgestattet mit Säure, Tannin und Alkohol und benötigen deshalb mehrere Jahre Flaschenreife, bevor sie mit Genuss getrunken werden können. Der Brunello aus der Toskana ist ebenfalls ein majestätisch anmutender Wein, jedoch früher trinkreif und zugänglicher als seine piemontesischen Konkurrenten. In gewissem Sinne sind auch der Chianti Classico und der Vino Nobile di Montepulciano klassisch zu nennen, wenngleich beide Weinstile merklichen Schwankungen unterlegen sind.

Rioja ist der Klassiker Spaniens, der hauptsächlich aus der Sorte Tempranillo gekeltert wird. Es sind meist sanfte, leicht trinkbare Rotweine mit Vanillearoma. Bei längerer Fassreife kommen sie als Reserva oder Gran Reserva auf den Markt, müssen dann aber nicht in jedem Falle von überdurchschnittlicher Güte sein.

Newcomer

Die Newcomer kommen vor allem aus der Neuen Welt. Kalifornien ist einerseits geprägt von Massenweinen, vor allem aus dem Central Valley, und andererseits von Topweinen, vorwiegend aus den Küstenregionen. Napa Valley, Sonoma Valley und Carneros bringen reiche, intensive, sehr harmonische und abgerundete Weine aus den französischen Rebsorten Cabernet Sauvignon und Merlot hervor. Die Sorte Zinfandel bietet stilistisch sehr eigenständige Gewächse, und die Weinregionen Oregon und Washington warten immer öfter mit hochkarätigem Pinot Noir auf.

Die chilenischen Rotweine aus Cabernet Sauvignon und Merlot, immer öfter auch aus der Sorte Carmenère, zeigen wunderbaren Fruchtcharakter, Rundheit, Reife und natürliche Harmonie. Weniger gelungene Exemplare weisen unreife, krautige Noten auf, die nicht selten auf zu hohe Erträge zurückzuführen sind: Zu viele Trauben an einer Rebe lassen die Qualität sinken. Die mit Abstand interessantesten Rotweine aus Argentinien sind aus der Rebsorte Malbec bereitet. Ihre üppige, pfeffrige und erdige Art erinnert wie sonst keine aus der südlichen Hemisphäre an klassische europäische Rotweine.

Südafrika liefert originellen Pinotage und immer mehr gute Shiraz, Merlot, Pinot Noir und Cabernet Sauvignon – fast dieselben Rebsorten, die auch den Erfolg Australiens begründen. Hier kommt das Beste aus den südaustralischen Küstenregionen. Die Weine sind ungemein dicht, konzentriert und alkoholreich, zugleich jedoch sehr generös, weich und abgerundet – ein letztlich unkomplizierter Stil, der ihren Erfolg weltweit begründet hat.

Newcomer finden sich aber auch in der alten Welt: in Regionen, die früher entweder kaum bekannt waren oder für Massenweine standen. Das trifft zum Beispiel für das südfranzösische Languedoc und für fast ganz Süditalien zu. Generationswechsel und die zunehmende Bedeutung externer weinbautechnischer (önologischer) Berater haben diese Regionen in kurzer Zeit weit nach vorne gebracht. Nero d'Avola in Sizilien, Primitivo und Negro Amaro in Apulien sind Zeugnisse dieser Entwicklung. Noch weiter voran gekommen sind die spanischen Gebiete Ribera del Duero und Priorato. Schließlich sind portugiesische Rotweine Newcomer und Juwele zugleich. Ihre stilistische Unverwechselbarkeit ist eine ihrer großen Stärken.

Juwele

Neben den berühmten Klassikern bringt Frankreich, das konkurrenzlos vielfältigste Rotweinland der Welt, eine Fülle guter und im Allgemeinen recht preiswerter Alltagsweine hervor. Frische, belebende und wundervoll elegante Tropfen werden an der Loire in den Anbaugebieten Saumur und Saumur-Champigny sowie in Bourgueil und Chinon bereitet.

Im südwestfranzösischen Madiran entstehen höchst eigenwillige und originelle Tropfen aus der tanninbetonten Sorte Tannat. Mediterranen Charme und aristokratische Eleganz vereinen die Roten aus Bandol, dessen Weinberge sich nahe Marseille steil dem Mittelmeer zuneigen.

Abseits eingetretener Pfade hält auch Italien Weine mit besonderem Charakter bereit. Finessenreiche, feingliedrige Gewächse entstehen im Valtellina aus der Nebbiolo-Traube. Immer mehr hochwertige, vitale und im besten Sinne des Wortes süffige Gewächse erbringt die Sorte Barbera im Piemont. Südtirol hat enorm zugelegt und ist heute die Heimat einiger der charmantesten Rotweine des Landes. Selbst Weine aus der gemeinhin unterschätzten Rebsorte Vernatsch können aufgrund ihrer Leichtigkeit und animierenden Frische viel Trinkfreude bescheren. Und aus dem kleinen umbrischen Montefalco kommt aus der Sorte Sagrantino wohl der kraftvollste und maskulinste Rotwein der Welt. Ramponiertes Image hin und her: Valpolicella kann köstlich schmecken.

Österreich bringt mit den Sorten Zweigelt und Blaufränkisch interessante geschmackliche Alternativen für all jene, denen die Welt von Cabernet und Merlot zu einseitig geworden ist. Die Schweiz verfügt mit Cornalin und Humagne rouge über zwei autochthone Rebsorten mit wunderbar origineller Stilistik und gutem Reifepotenzial.

Und immer öfter begegnen wir auch hierzulande schmackhaften, charaktervollen Rotweinen. Spätburgunder hat wohl das größte Potenzial, doch sein Verwandter, der Frühburgunder, stiehlt ihm gelegentlich die Show. Vorzügliche Resultate erbringen seit kurzem auch die schwäbischen Lokalpatrioten Lemberger und Samtrot.

Langweiler

Hier gilt, was schon im Abschnitt über Weißwein gesagt wurde. Langeweile verursachen vor allem Moden und andere Entwicklungen, die auf Kosten des Individuellen und Besonderen gehen. Modisch war es zum Beispiel in den 90er Jahren, Rotweine in den so genannten Barriquefässern auszubauen (siehe das Kapitel 15, *Neuholzeinfluss – Gütesiegel oder kurzfristige Mode?*). Nicht selten kamen dabei geschmacklich uniforme Produkte heraus, mehr oder weniger stark geprägt von süßen Gewürznoten (Vanille, Zimt, Nelke) und allerlei Röstaromatik (Kaffee, Kakao, Schokolade). Die Merkmale von Herkunft und Rebsorte wurden auf diese Weise vom Holzeinfluss überlagert.

Ebenso wie im Weißweinbereich kann man für die vergangenen zwei Jahrzehnte eine weltweite Konzentration auf eine Hand voll international gepflanzter Rebsorten beobachten. Das macht die Welt der Rotweine nicht reicher. Neue kellertechnische Innovationen bieten zudem immer mehr Optionen, in den Weinbereitungsprozess aktiv einzugreifen und Weine zu machen, die der Markt fordert: zur Zeit ist es das Bild vom dunklen, farbintensiven Rotwein mit kräftigem Körper, weicher Textur und unkompliziertem Gaumenauftritt (mehr zu diesen Aspekten in den jeweiligen Abschnitten im Kapitel *Wein erkennen und bewusst genießen – sinnliche Eindrücke sprachlich ausdrücken*). Er darf über eine dezente Süße verfügen, aber „trocken“ muss auf dem Etikett stehen.

Wussten Sie schon ...

- Rotweine werden mit zunehmendem Alter heller. Die chemischen Verbindungen der Farbpigmente (Anthozyane) sind in einem jungen Rotwein alles andere als stabil. Von Anfang an interagieren die Anthozyane mit den Molekülen der Gerbstoffe (Tannine) und formen in diesem Polymerisierungsprozess allmählich die komplexere Pigmentstruktur eines gereiften Weines. Mit zunehmender Reife entstehen dann gelegentlich so große Polymere, dass deren Wasserlöslichkeit verloren geht und sie als Sediment aus dem Wein ausgeschieden werden: Der Wein hellt allmählich auf.
- Französische und italienische Rotweine lassen sich generell relativ leicht unterscheiden: Französische Rotweine zeigen eine Tendenz zu Purpur, Beerenobstaroma und Tannin, während italienische Rotweine eher ins Bräunliche, zu Steinobstaroma und zur Säurebetontheit neigen.

Süßweine – der Kampf gegen das Negativimage 4

Süße Weine zählen zu den verführerischsten Kreationen in der Welt des Weines. Doch längst nicht jedes süße Exemplar besitzt jenen Liebreiz, wie er den besten Repräsentanten dieses Genres zu eigen ist. Gerade in Deutschland entstehen leider noch immer zu viele „lieblich-süße“ Weine, die banal, uniform und mostig schmecken. Auf das Konto dieser billigsüßen Kunstprodukte geht das vor allem hierzulande immer noch angekratzte Süßweinimage.

Das stilistische Spektrum unter den seriösen Süßweinen ist groß. Es reicht von den leichten, filigranen Spätlesen von der Mosel über die alkoholreichen und intensiv süßen Sauternes (Süße bis zu 90 g/l) bis hin zu den aufgespriteten, also alkoholverstärkten Süßweinen Südfrankreichs (Vin Doux Naturel) und Portugals (Port, Madeira), denen ein eigener Abschnitt gewidmet ist (siehe das übernächste Kapitel *Alkoholverstärkte Weine – vom Aussterben bedroht*).

Heute lässt sich jeder Wein im Süßegrad fast beliebig abstimmen. Es gibt verschiedene Möglichkeiten, einen Süßwein zu erzeugen:

1. Abstoppen der Gärung
2. Süßung mit Süßreserve
3. Konzentrierung

Die *Gärung* kann auf verschiedene Weise *gestoppt werden*, bevor der natürliche Traubenzucker vergoren ist. Am häufigsten geschieht es durch Schwefeldioxidbeigabe oder durch Feinfiltrieren zum Entfernen der Hefen. So entstehen vor allem in Deutschlands nördlichen Anbaugebieten angenehm fruchtige, filigrane und köstlich balancierte *Spätlesen* mit moderater Süße (30 g/l), kräftiger, aber sehr harmonischer Säure (9–10g/l) und enorm niedrigem Alkohol (7–8 Vol.%). Von etwas reiferem Lesegut stammen die *Auslesen*, die an der Mosel einen – den Spätlesen vergleichbaren – niedrigen Alkoholgehalt mit einer deutlich höheren Restsüße (60 g/l) verbinden. In den weiter südlich gelegenen Anbaugebieten präsentieren sich die Auslesen deutlich schwerer und alkoholreicher.

Nicht immer muss der Gärvorgang abgestoppt werden, um solche Auslesen zu erzielen. Es kommt auch vor, dass die Gärung von selbst zum Erliegen kommt, weil die Arbeitsbedingungen für die Hefen ungünstig geworden sind. Die besten Weine dieser Art entstehen aus Rieslingtrauben in den Gebieten Mosel-Saar-Ruwer und Nahe, wo die witterungsbedingt kräftigen Säurewerte dafür sorgen, selbst hohe Süßegrade spielerisch zu balancieren.

Aber auch ein trockener, bereits durchgegorener Wein kann mit *Süßreserve* (unvergorener, steril geschwefelter Traubenmost) gesüßt werden. In der Regel wird von dieser Variante jedoch nur im Falle einfacher, qualitativ wenig interessanter Weine Gebrauch gemacht.

Die wertvollsten Süßweine entstehen durch *Konzentrierungsprozesse*, das heißt aus Beeren, die einen Großteil ihres Saftes bereits verloren haben. *Edelsüß* nennen wir jene Weine, deren Trauben am Stock dehydriert und konzentriert wurden. Im Verhältnis zum noch vorhandenen Saft sind die Anteile von Zucker, Säure, Aromen und Extraktstoffen enorm angestiegen. Zwei Vorgänge sind es, die den Flüssigkeitsschwund in der Beere auslösen: das langsame Dünnerwerden bis hin zum Durchlässigwerden der Beerenhaut sowie das Auftreten des Schimmelpilzes *Botrytis cinerea*, dessen Sporen durch die Beerenhaut wachsen und feinste Löcher hinterlassen. Im ersten Fall entstehen rosinenartige, im zweiten mit Schimmel besetzte Schrumpeltrauben. Der Zuckergehalt dieser Trauben und des daraus entstehenden Mostes ist so hoch, dass ein Durchgären zu trockenen Weinen ausgeschlossen ist. Die Hefen, die aus Zucker Alkohol machen, sind dazu nur bis zu einem Alkoholgehalt von rund 14–15 Vol.% in der Lage. Danach sterben sie von ihrem eigenen Produkt, dem Alkohol, ab. Alle Süße, die zu diesem Zeitpunkt noch nicht vergoren ist, bleibt im fertigen Wein als Restsüße zurück.

Die bekanntesten botrytisgeprägten Weine sind die französischen Sauternes und Barsac, die edelfaulen Dessertweine aus dem Loiretal mit den Herkunftsbezeichnungen Vouvray, Montlouis und Bonnezeaux sowie die Vendanges Tardives (Spätlesen) oder Sélections des Grains Nobles (Beerenauslesen) aus dem Elsass. Hinzu kommen die ungarischen Tokajer sowie die deutschen und österreichischen Beeren- und Trockenbeerenauslesen.

Sie alle gehören zu den rarsten, teuersten und gesuchtesten Weinen der Welt. Der Schimmelpilz tritt nur in Anbaugebieten mit gemäßigtem Klima auf, und dort auch nur unter bestimmten Bedingungen: Morgennebel muss Feuchtigkeit in die Weinberge bringen und warme und sonnige Witterungen die Trauben im Laufe des Tages wieder abtrocknen. Es sind vor allem Flussregionen, die beste Entstehungsbedingungen für den Botrytispilz bieten. Und nur wenn er reife Trauben befällt, wird er von den Winzern als Segen begrüßt – befällt er hingegen unreife Trauben, entsteht die so genannte Graufäule: die Trauben faulen und die Ernte ist dahin.

Ein stilistischer Vergleich zwischen Sauternes und Trockenbeerenauslesen (TBA) macht deutlich, dass beide Süßweintypen trotz vergleichbarem Ausgangsmaterial sehr unterschiedliche Resultate erbringen. Eine typische TBA hat meist einen sehr niedrigen Alkoholgehalt (6,5 – 7,5 Vol.%), aber sehr hohe Werte in den Abteilungen Süße (über 200 g/l) und Säure (über 10 g/l). Dagegen repräsentieren die üppigen, viskosen und strohgelben Verschnitte aus Sémillon und Sauvignon blanc der Gebiete Sauternes und Barsac eine andere Süßweinstilistik. Auf der Basis ähnlich hoher Mostgewichte wie die der deutschen und österreichischen TBAs wird im Entstehungsprozess eines Sauternes ein Maximum an Alkohol umgesetzt – meist um die 14 Vol.% –, so dass die zurückbleibende unvergorene Restsüße (ca. 75 g/l) im Vergleich deutlich geringer ausfällt. Weil auch die Säurewerte bei einem Sauternes mit durchschnittlichen 6 g/l deutlich niedriger liegen, wirken diese Weine sehr viel mächtiger und schwerer als eine deutsche TBA.

Ungarns Süßweine aus der Region Tokaj-Hegyalja blicken auf eine ähnlich lange und anspruchsvolle Tradition zurück wie jene aus Deutschland. Neben den duftenden Hárslevelü und Muskotály, Varietäten der Muskateller-Traube, stellt Furmint die Haupttraube für den Tokajer. Die Herstellungsmethode ist weltweit einmalig: aus edelfaulen Trauben wird eine süße Paste (aszú) hergestellt und in unterschiedlicher Dosierung mit trockenem oder halbtrockenem Grundwein vergoren. Je mehr vom Aszù dazu gegeben wird, desto süßer wird der Wein.

Eine besondere edelsüße Rarität ist der Eiswein. Er entsteht vollkommen ohne Botrytis, sondern dadurch, dass die Trauben in gefrorenem Zustand gelesen und gekeltert werden. Dazu ist natürlich Frost notwendig. Der Wasseranteil des Traubensaftes ist dann weitgehend zu Eis gefroren, sodass sich Zucker, Säuren und andere Inhaltsstoffe in dem wenigen Most konzentrieren. Das heißt: Je tiefer die Temperaturen und je höher der Vereisungsgrad, desto konzentrierter ist der Most. Die Trauben müssen bei mindestens minus 7 °C auf die Kelter kommen. Gelegentlich herrschen erst um Weihnachten herum oder im neuen Jahr solche Minustemperaturen. Eiswein, der in nennenswertem Umfang nur in Deutschland, Österreich und in Kanada erzeugt wird, hat eine höhere Säure als Weine aus botrytisinfiziertem Lesegut. Auch die Aromenpalette präsentiert sich beim Eiswein jugendlicher und fruchtbetonter als bei den meisten Beeren- und Trockenbeerenauslesen (siehe das Kapitel 8, *Aromaprofile – das Reich der Düfte*).

Die italienischen Passito-Weine sind eine weitere Süßwein-Variante. Anders jedoch als in vielen Regionen nördlich der Alpen ist ein Passito nicht das Ergebnis von Edelfäule. In Italien ist diese Methode vor allem aus klimatischen Gründen bis auf wenige Ausnahmen wenig erfolgversprechend. Hier wird süßer Wein vor allem von Trauben gewonnen, die nach der Ernte unter dem Dach auf Horden oder in Spankörben zunächst teilgetrocknet werden, bevor sie dann – teilweise über mehrere Jahre hinweg – vergoren werden. Das Ergebnis ist ein außerordentlich konzentrierter und reichhaltiger Wein. Der hierzulande wohl bekannteste italienische Passito ist der Vin Santo aus der Toskana.

Wussten Sie schon ...

- Die Tradition der Passito-Weine geht auf die Griechen zurück. Sie verdrehten die Stiele der Trauben so, dass die Mittelmeersonne den Trauben innerhalb weniger Tage enorm viel Wasser entzog und die reifen Trauben am Rebstock zum Eintrocknen brachte.

5 Schaumweine – Luxus, Glamour, Festlichkeit

Jedes Glas schäumenden Weins birgt ein Mysterium: Wie aus dem Nichts steigen Perlen auf, strömen, funkeln und verschwinden wieder ins Nichts. Gibt es ein passenderes Sinnbild für die vergänglichen Freuden, die uns das Leben schenkt?

Schaumweine sind Weine, die über einen mehr oder weniger mächtigen Kohlensäuredruck – zwischen 2 und 6 Bar – verfügen, der den Weinen im

Glas direkt nach dem Einschenken eine attraktive Schaumkrone beschert und anschließend für das Aufsteigen immer wieder neu entstehender CO_2-Bläschen (Perlage) sorgt. Kohlendioxid ist in Schaumweinen in großen Mengen enthalten und prägt sowohl ihre äußere Erscheinung als auch ihre geschmackliche Performance. Der Reiz eines guten Schaumweines liegt in seiner delikaten, rassigen Textur, seiner appetitanregenden Frische und in der Art, wie er den Gaumen kitzelt und seine zarten Aromen entfaltet.

Die *Karbonisierung* ist die simpelste Art, Schaumweine herzustellen: Kohlendioxid wird in einen Tank voll Wein gepumpt, und anschließend erfolgt die Abfüllung unter Druck, sodass die Kohlensäure nicht entweichen kann. Allerdings wird dieses Verfahren, das beim Einschenken eine spektakuläre, aber kurzlebige Schaumexplosion gewährleistet, nur für ganz billige Produkte angewandt.

Für hochwertigen Schaumwein sind in der Regel zwei Gärprozesse obligatorisch: Der erste produziert den Grundwein, der zweite Perlage und Schaum. Nur ausnahmsweise – wie im Falle des italienischen Asti und des delikateren Moscato d'Asti – genügt ein einziger Gärprozess in druckstabilen Tanks, der dann vom Produzenten unterbrochen wird, um einen Teil der Traubensüße im Endprodukt zu konservieren. Ein rationelles Verfahren ist die *Charmat-Methode*, bei der die zweite Gärung der Grundweine in großen druckstabilen Edelstahltanks stattfindet. Die Hefe, die sich während der Gärung ablagert, wird vor der Flaschenabfüllung durch Filtern entfernt. Beim *Transvasierverfahren* findet die zweite Gärung der Grundweine in der Flasche statt. Danach wird die Flasche jedoch geöffnet, der Inhalt in einen großen druckstabilen Tank umgefüllt und anschließend entheft, damit nicht jede Flasche einzeln von der Hefe befreit werden muss. Anschließend wird der Wein unter Druck in neue Flaschen gefüllt.

Die aufwändigste und edelste Art, Wein zum schäumen zu bringen, ist die in der Champagne übliche, traditionelle Methode der *Flaschengärung*. Sie erfolgt in den folgenden Schritten:

Herstellung des Grundweins: Der Schüssel zu feinem Schaumwein liegt in der Eigenart und Qualität der verwendeten Trauben, aus denen der Grundwein gewonnen wird. Champagner wird traditionell aus einer Mischung von drei verschiedenen Rebsorten hergestellt: der weißen Chardonnay und den roten Pinot Noir und Pinot Meunier. Die beiden roten Sorten werden zu Weißwein verarbeitet, indem der Saft ohne die Schalen vergoren wird. Die Farbe, die in den Schalen sitzt, kann also nicht in den Wein übertreten. Pinot Noir verleiht dem Wein die Fülle, Chardonnay die Finesse, Pinot Meunier die Fruchtigkeit.

Assemblage und Flaschenfüllung: Vor der Flaschengärung müssen die Weine aus den drei verschiedenen Sorten zu einem Wein werden. Assemblage heißt dieser Vorgang. Dabei wird festgelegt, in welchem Verhältnis die drei Weine gemischt werden. Die Technik der Assemblage verlangt eine detaillierte Kenntnis der vergangenen und künftigen Entwicklung der einzelnen Bestandteile sowie einen hoch spezialisierten Geschmackssinn, denn bei der Feinabstimmung und Beurteilung der Grundweine gibt es zahlreiche mögliche Kombinationen und Variationen. Bei dem Champagnerhaus Moët & Chandon beispielsweise sind 300 Grundweine aus einem Jahrgang zu berücksichtigen.

Zweite Gärung in der Flasche: Nun wird der Assemblage Zucker (24 g Zucker pro Liter Wein) und spezielle Hefen (liqueur de tirage) zugegeben, und die Flaschenfüllung kann erfolgen. Die Hefen beginnen sofort, den Zucker zu vergären. Nach ein bis zwei Monaten ist die Gärung beendet, und der Wein hat nun einen um etwa 1,2 Vol.% erhöhten Alkoholgehalt. Zusätzlich ist – wie bei jeder anderen Gärung auch – Kohlendioxid entstanden, welches jedoch nicht entweichen konnte, weil die Flasche mit einem Kronenkorken fest verschlossen ist. Folglich bleibt es im Wein als Kohlensäure.

Reifung auf den Hefen: Wenn aller Zucker in Alkohol und Kohlendioxid umgewandelt worden ist, ist damit den Hefen ihre Nahrungsquelle verloren gegangen und sie sterben ab. Solange der Wein nun in Kontakt mit diesen Hefezellen bleibt, behält er seine Frische und Jugendlichkeit. Zusätzlich verleihen die Hefen dem Wein aromatische Komplexität und geschmackliche Harmonie. Je nach Champagnertyp kann die Hefelagerung bis zu sechs Jahre betragen.

Rütteln: Irgendwann, spätestens wenn der Champagner getrunken werden soll, ist der Zeitpunkt gekommen, den Wein von seinem Hefedepot zu trennen (Degorgieren). Denn nur dann kommen wir in den Genuss eines sauberen und leuchtenden Weins. Zu diesem Zweck werden die Flaschen so lange gerüttelt und dabei ständig steiler in die Rüttelpulte gesteckt, dass sich die Hefe im Flaschenhals sammeln kann. Heutzutage wird diese Aufgabe immer seltener von Menschen, sondern meist von computergesteuerten Maschinen, so genannten Gyropaletten, übernommen.

Degorgieren: Das Degorgieren ist eine notwendige, aber störende Maßnahme, denn der Wein wird hierbei vorübergehend der Luft ausgesetzt. Der Flaschenhals wird etwa 40 Sekunden in ein Eisbad getaucht, sodass die Hefe zu einem eisigen Klumpen gefriert. Nun treibt der Kohlensäuredruck den Hefepfropfen aus dem Flaschenhals, sobald der Kronenkorken entfernt wird.

Dosage: Bevor nun der Wein für den Versand fertig gemacht werden kann, muss der Flüssigkeitsverlust vom Degorgieren wieder aufgefüllt werden. In den meisten Fällen wird hierfür kein gänzlich trockener, sondern mehr oder weniger süßer Wein verwendet. Die große Mehrzahl aller Champagner wird in der Geschmacksrichtung „brut" vermarktet und darf dann bis zu 15 g Restsüße pro Liter aufweisen. Diese Regelung eröffnet die Möglichkeit, die weniger geglückten, sehr säurebetonten und harten Weine etwas runder und milder zu machen.

Gute Schaumweine werden heutzutage fast überall in der Welt gemacht, doch die besten kommen noch immer aus der Champagne, dem französischen Anbaugebiet, das sich etwa 100 Kilometer nordöstlich von Paris befindet. Champagner ist die Referenz- und Orientierungsmarke sowohl unter Qualitäts- als auch unter stilistischen Gesichtspunkten. Die besten sind ungeheuer delikat, mit rassigem Gaumenauftritt, saftig und appetitanregend, erfrischend, komplex und cremig. Doch leider entsprechen die tonangebenden Marken mit weltumspannender Distribution dieser Vorstellung nicht mehr in jedem Fall.

Champagner, der nur aus weißen Chardonnay-Trauben gekeltert wird, heißt Blanc de Blancs. Ein typischer Blanc de Blancs ist ein besonders leichter, in seiner Jugend besonders strenger Champagner, der sehr lange braucht, um zu reifen, dann aber überaus komplex und finessenreich sein kann. Blanc de Noirs nennt man weiß gekelterten Champagner aus roten Trauben (Pinot Noir, Pinot Meunier). Sie sind recht selten und im Gegensatz zum Blanc de Blancs meist schwer, gehaltvoll und fruchtig. Im Aufwind befinden sich zur Zeit Rosé-Champagner. Sie können sowohl durch das Einmaischen roter Trauben als auch durch Verschnitt von Rot- und Weißwein entstehen (siehe dazu auch das Kapitel *Roséweine – mehr als Sommer- und Partyweine?*). Die Cuvées de Prestige sind die Krönung dessen, was die Region zu bieten hat. Meist sind sie sündhaft teuer und so konzentriert und vollmundig, dass ihnen nicht selten das Spritzige und Prickelnde abhanden gekommen zu sein scheint.

Frankreich bringt eine ganze Reihe weiterer Schaumweine auf der Basis der Champagnermethode hervor. Sie führen alle die Bezeichnung Crémant. Die Besten sind leicht, frisch und anregend. Cava heißen die spanischen Schaumweine, die ebenfalls nach dieser Methode hergestellt werden. Am Gaumen sind sie weich und in der Nase blumig mit zarten Apfel- und Birnennoten.

Franciacorta ist die Ursprungsbezeichnung für verführerisch balancierte Schaumweine, die nach der klassischen Champagnermethode am Iseosee in der Lombardei hergestellt werden. Im Vergleich zum Champagner fällt auf, dass ein Franciacorta in der Regel reifere Aromen, mehr Körper, mehr Alkohol, mehr Fülle und vor allem eine tiefere Säure besitzt. Talento ist die Bezeichnung für andere klassisch hergestellte Schaumweine aus ganz Norditalien.

Der Moscato d'Asti ist die zarteste Versuchung, seit es süße Schaumweine gibt. Seine Süße darf jedoch unter keinen Umständen dominieren, sondern sie muss zart eingebettet sein, stets balanciert von Säure, Fruchtintensität und Körper. Ein geglückter Moscato d'Asti versetzt Sie unwillkürlich in einen von der warmen Septembersonne durchstrahlten Weinberg im Asti-Gebiet, wo Sie sich goldgelbe Beeren in den Mund schieben. Jeder Schluck Moscato erfreut Ihren Gaumen mit den gleichen Aromen, wie aufplatzende süß-fruchtige Muskateller-Beeren sie versprühen.

Stark auf dem Vormarsch sind deutsche und österreichische Sekte, Schaumweine aus der Neuen Welt und – wenngleich noch eher ein Geheimtipp – italienischer Lambrusco.

Wussten Sie schon ...

- Rund 80 Prozent aller Champagner kommen ohne Jahrgangsangabe auf den Markt. Das bedeutet, dass sie aus Weinen zweier oder mehrerer Jahrgänge zusammengestellt sind. Nur in einem wirklich sehr guten Jahr sollte ein Jahrgangschampagner hergestellt werden.
- Der Druck, der in einer Champagnerflasche von der Kohlensäure ausgeht, beträgt etwa 5 bis 6 Atmosphären, also zwei- bis dreimal so viel wie der Luftdruck in einem Autoreifen.

6 Alkoholverstärkte Weine – vom Aussterben bedroht

Es ist eigentlich verwunderlich, dass diese sympathischen Dinos nicht schon längst ausgestorben sind. Angeschlagen sind sie allemal. Light-Kultur und Promille-Grenzen bedrohen ihren Bestand, und die Überlebensgesetze des Marktes sind gnadenlos. Nur ein gewisser Artenschutz könnte helfen, diese stilistisch bemerkenswerte Weinspezies in die Zukunft zu retten.

Der Alkohol dieser Weinspezies ist nicht oder nur zum Teil das Ergebnis alkoholischer Gärung. Ein anderer, mehr oder weniger großer Alkoholanteil wird durch das so genannte „Aufspriten", also durch Zugabe von Weingeist erzielt. Nicht nur die Anreicherungsmenge ist dabei unterschiedlich, sondern genauso auch der Zeitpunkt der Alkoholzugabe:

- *Vor der Gärung:* Manche Weine werden gespritet, bevor der Gärprozess beginnt. So kann in ihnen gar keine Gärung mehr stattfinden. Manche Likörweine Frankreichs werden auf diese Weise bereitet. Es sind meist einfache, wenig anspruchsvolle Weine.
- *Während der Gärung:* Der Zeitpunkt der Zugabe und die genaue Bestimmung der erforderlichen Menge sind für den Stil des Weines maßgebend. Je früher die Zugabe erfolgt, umso weniger Zucker konnte bis zu diesem Zeitpunkt zu Alkohol vergoren werden – und umso süßer wird also das Endprodukt sein.
- *Nach der Gärung:* Erfolgt das Aufspriten erst nach der alkoholischen Gärung, ist keine Traubensüße mehr vorhanden, das Endprodukt ist also trocken – es sei denn, es wird nachträglich gesüßt.

Sherry aus Andalusien

Sherry, der aus dem äußersten Südwesten Spaniens kommt, gibt es in zwei grundsätzlich verschiedenen Varianten. Im ersten Fall wird ein trockener Grundwein auf 15 Vol.% gespritet und in nicht ganz bis zum Rand gefüllten Fässern gelagert. An der Oberfläche bildet sich dann eine Schicht echter Weinhefe, Flor (Blume) genannt. Es entstehen die leichten, trockenen Fino-Sherrys, deren Reifung wegen des Schutzes der Florhefeschicht unter Luftabschluss erfolgt. Der Geschmack eines Fino wird nachhaltig durch seinen Kontakt zur Florhefe geprägt. Zusätzlich verringert sich durch die Wirkung der Hefe der Glyzeringehalt, sodass sich die Konsistenz des Weins verdünnt und der herrlich frische, lebendige und trockene Geschmack des Fino zum Vorschein kommt. Dem Fino sehr ähnlich, aber eine Nuance zarter, leichter und erfrischender präsentiert sich der Manzanilla aus der benachbarten Stadt Sanlúcar de Barrameda. Und ein Amontillado ist im Grunde ein nach dem Absterben der Florhefe noch weiter gereifter Fino.

Im zweiten Fall wird auf 18 Vol.% gespritet. Dann reift der Sherry unter Oxidationseinfluss, da unter den Bedingungen dieser Alkoholstärke keine Florhefe wachsen kann. Es entsteht der dunkle, nussige und – in Bestform – feinduftige Oloroso-Sherry. Da während des jahrelangen Ausbaus (*Solera*) Flüssigkeit verdunstet, kann der Alkoholgehalt bis auf über

23 Vol.% ansteigen. Auch Olorosos sind von Natur aus trockene Sherrys. Alte, gereifte Exemplare gehören zu den exquisitesten und teuersten Sherrys überhaupt. In der Praxis wird jedoch der größte Teil mit süßem Most – meist auf Basis der sirupartigen Pedro-Ximénez-Traube – verschnitten, um als Cream Sherry in die Regale der Supermärkte zu gelangen.

Port aus dem Douro-Tal

Portwein begegnet uns in höchst unterschiedlichen, ja teilweise recht gegensätzlichen Gewändern. Die eindrucksvollsten unter ihnen sind süße, schwere, berauschende Weine von opaker Farbe und mächtigem Tanningerüst (siehe das Kapitel 13, *Tannin – Formgeber für Rotweine*), deren anfängliche Härte und Unnahbarkeit erst ganz allmählich schwindet. Aber sie macht einem ungeheuer delikaten, eleganten und seidigen Gaumenauftritt mit betörendem Aromareichtum Platz.

Wer behauptet, Portwein komme aus dem portugiesischen Porto, der hat nur zum Teil Recht. In Porto und am gegenüberliegenden Ufer in der Stadt Vila Nova de Gaia haben die berühmten Portweinfirmen ihre Büros und Lagerstätten. Die Reben wachsen jedoch weit ab von hier an den steilen, felsigen und terrassierten Hängen des oberen Douro, jenes Flusses, den die Spanier innerhalb ihres Territoriums Duero nennen. Von allen Plätzen, wo der Mensch Weinberge angelegt hat, ist dieses Gebiet das unwahrscheinlichste, so wild und unwirtlich präsentiert es sich.

Portwein wird gewonnen, indem man halbausgegorenen Rotwein in ein zu einem Viertel mit 77-prozentigem Branntwein gefülltes Fass gibt. Der Branntwein stoppt die Gärung, sodass die Mischung alkoholreich (19–21 Vol.%) und süß (40–60 g/l unvergorener Restzucker) zugleich ist. Da der Port also – im Gegensatz zu den hochwertigen trockenen Rotweinen – nur eine vergleichsweise kurze Gärung durchläuft (zwischen 24 und 48 Stunden), ist die Farb- und Tanninausbeute fraglich. Die Produzenten müssen also sicherstellen, dass die Polyphenole (Farbe und Tannine) frühzeitig, möglichst schon vor der alkoholischen Gärung extrahiert werden können. Dazu gibt man die frisch geernteten Trauben in 3 mal 4 Meter große und 1,3 Meter tiefe Granitbecken und lässt sie dort mit bloßen Füßen einstampfen. Obwohl mittlerweile viele Portweine in modernen Edelstahltanks „selbstvinifiziert“ werden, werden die besten, vor allem viele Vintage Ports noch immer überwiegend auf traditionelle Weise bereitet.

Die verschiedenen Stile lassen sich am einfachsten auseinanderhalten, wenn man einmal die holzfassgereiften von denen unterscheidet, die sich vor allem in der Flasche entwickeln, und zum anderen den Port, der aus Weinen mehrerer Jahrgänge komponiert wird, vom Jahrgangsport abgrenzt. In der großen Mehrzahl sind es jedoch holzgereifte Jahrgangsverschnitte, trinkfertig und ohne weiteres Entwicklungspotenzial, wenn sie auf den Markt kommen.

Der preiswerteste, einfachste und süffigste Portwein führt die Bezeichnung Ruby. Seine Grundlage bilden junge Weine aus verschiedenen Jahrgängen, die man in ganz verschiedenen Behältnissen ein wenig reifen lässt, bevor sie zum Ruby zusammengeführt werden. Guter Ruby präsentiert sich rubinrot, feurig, kräftig und saftig.

Tawny ist die Bezeichnung für einen Port, der eine beträchtliche Zeitspanne in Holzfässern zugebracht und dabei reichlich Farbe verloren hat. Tawny muss aufgrund der langen Fasslagerzeit aus Grundweinen erster Güte bereitet werden. Am Ende des Reifungsprozesses angekommen, präsentiert sich guter Tawny gelbbraun, weich, seidig und von reicher Geschmacksfülle. Die meisten werden mit einer Altersangabe (10, 20, 30, 40 oder über 40 Jahre) auf dem Etikett versehen, wobei es sich aber nur um Annäherungen handelt, da es sich ja immer um einen jahrgangsübergreifenden Verschnitt handelt. Wichtig ist vor allem die Angabe des Abfülldatums, da ein gealterter Tawny keine allzu lange Flaschenlagerung mehr verträgt. Ist die Flasche erst einmal geöffnet, sollte sie schnell ausgetrunken werden. Leider trifft man in der Praxis immer wieder auf Exemplare, die die Bezeichnung Tawny nicht verdienen. Sie werden auf die Schnelle zu einem Produkt frisiert, das einem Tawny möglichst nahe kommt.

Vintage ist die teuerste und exquisiteste Portwein-Variante, die kaum 1 Prozent am gesamten Portwein-Markt ausmacht. Vintage Port ist ein Verschnitt der besten Ports mehrerer Quintas (Port-Weingut), aber nur eines einzigen herausragenden Jahrgangs. Der Entwicklungsbedarf ist enorm hoch: Die Weine müssen nach ihrer Flaschenabfüllung weitere 15 bis 20 Jahre reifen, bevor sie trinkfertig sind.

Eine relativ neue Spezies sind die Single Quinta Vintage Ports, das Ergebnis eines einzigen Jahrgangs und eines einzigen Weinguts, in der Regel die besten Quintas der besten Port-Häuser. Sie werden meist nur in Jahren erzeugt, in denen das Potenzial für einen traditionellen Vintage Port – auch aus Mengengesichtspunkten – nicht ganz ausreicht. Sie lassen sich bereits nach 8 bis 12 Jahren mit Genuss trinken und kosten nur halb so viel wie ein traditioneller Vintage Port.

Colheita ist die Bezeichnung für einen Tawny Port aus einem einzigen Jahrgang, der mindestens 7 Jahre Fassreife hinter sich gebracht haben muss, bevor er vermarktet werden darf. Diese Weine tragen alle das Datum ihrer Abfüllung, da sie dann innerhalb eines Jahres getrunken werden sollten. Late Bottled Vintage Port (LBV) schließlich ist ein Wein aus einem einzigen Jahrgang, der zwischen dem vierten und dem sechsten Jahr nach der Ernte abgefüllt wird.

Andere aufgespritete Süßweine

Der Madeira ist ein ungewöhnlicher Wein von einer faszinierenden Insel, etwa 600 km vor der marokkanischen Atlantikküste gelegen, vulkanischen Ursprungs und von seltener Schönheit: steil wie ein Eisberg und grün wie eine Waldlichtung. Der Wein ist pikant, alkoholreich und mit kräftiger Säure ausgestattet. Erstklassiger Madeira ist der langlebigste, unverwüstlichste Wein der Welt. Leider ist der heute produzierte Madeira meist ziemlich einfach und schlicht – gut zu gebrauchen für die Küche, jedoch ohne eigenständiges Genusspotenzial. Die Besten werden aus den Rebsorten Sercial, Verdelho, Bual und Malvasia unter tropischen Temperaturen bereitet. Kein Wein der Welt entsteht unter extremeren Bedingungen und kein anderer ist in der Folge so unverwüstlich wie Madeira.

Die aufgespriteten Weine aus Frankreich heißen Vin Doux Naturels (natursüßer Wein). Sie kommen aus dem Roussillon und dem Rhône Tal und entstehen auf der Basis sehr niedriger Erträge. Sie sind überwiegend rot und werden mal mit und mal ohne Oxidationseinfluss ausgebaut. Die Bekanntesten sind der aromatische Muscat de Beaumes-de-Venise von der Rhône sowie Banyuls, Maury und Rivesaltes aus dem Roussillon.

Wussten Sie schon …

- Banyuls und Maury sind perfekte Begleiter zu Schokolade und Schokoladendesserts.
- Viele Likörweine harmonieren auch bestens mit Käse.
- Solera ist das System, mit dem Sherry hergestellt wird. Dazu werden Fässer in bis zu fünf Reihen übereinander geschichtet, wobei die oberste Reihe den jüngsten, die unterste Reihe den ältesten Wein enthält. In bestimmten Zeitabschnitten wird nun Wein aus den ältesten Fässern entnommen und in Flaschen abgefüllt. Die entnommene Menge wird sofort wieder ersetzt durch Wein aus den nächstältesten Fässern und so weiter. Sukzessive wird dabei das gesamte Solerasystem immer älter. Nur durch stetige Zugabe junger Weine kann die Florschicht im Falle der Fino-Weine über Jahre erhalten bleiben.

Wein erkennen und bewusst genießen – sinnliche Eindrücke sprachlich ausdrücken

Lassen Sie uns nun auf den Weg machen, um die Geheimnisse eines Weines zu entdecken und zu entschlüsseln. Versetzen Sie all Ihre Sinne in Alarmbereitschaft, um aufmerksam und sensibel in die Intimität eines Weines einzutauchen, sie mit allen Sinnen zu erfassen und sprachlich auszudrücken. Das ist die Basis einer lustvollen und zugleich zielgerichteten und intelligenten Weinverkostung, der Degustation.

Sinnliche Wahrnehmung

Die Hauptakteure bei der Degustation sind Ihre *Sinne*: sehen, riechen, schmecken und fühlen. Sie können sich ihrer besser bedienen, wenn Sie genau verstehen, wie sie funktionieren. Sehr stark vereinfacht ausgedrückt, passiert immer dasselbe: Ein physikalischer oder chemischer Stimulus berührt eines oder mehrere Ihrer Sinnesorgane, trifft dort auf Empfangssensoren, die dann die Informationen über Nervenzellen (Neuronen) an Ihr Gehirn zum Zwecke der Interpretation weiterleiten.

Das *Sehvermögen* ist ein schneller, spontaner, dynamischer Sinn, der ein Gefühl der Wirklichkeitsnähe und der Sicherheit vermittelt – im Gegensatz zum Geruchs- und Geschmackssinn, die flüchtige, unscharfe und ungenaue Eindrücke liefern, die sich nur langsam entwickeln.

Die Fähigkeit zu *riechen* erlaubt Ihnen, die gasförmigen Duftmoleküle eines Weines zu registrieren. Eindrücke, die von diesen Molekülen ausgehen, sammeln Sie auf zwei unterschiedlichen Wegen: nasal (mit der Nase) und retronasal (mit dem Nasen-Rachen-Raum). Empfangen und an das Gehirn weitergeleitet werden sie jedoch in beiden Fällen vom Riechkolben im oberen Bereich der Nasenhöhle.

Von den menschlichen Zungenpapillen können nur ganze vier *geschmackliche Grundqualitäten* wahrgenommen werden: süß, sauer, salzig und bitter. Alle Geschmacksreize im engeren Sinne, egal ob rein oder gemischt, lassen sich auf diese vier Grundqualitäten zurückführen. Zwar gibt es moderne Forschungsansätze, die diesen alten Ansatz relativieren – aber gerade weil er so vereinfacht, bietet er auch wieder brauchbare Orientierungspunkte.

Neben diesen geschmacklichen Grundqualitäten haben Sie auch die Möglichkeit, das, was Sie in den Mund nehmen, zu ertasten und zu befühlen. Dieses *haptische Vermögen* gewährt Ihnen Eindrücke über Textur, Struktur, Gewicht, Temperatur und Adstringenz (das Gefühl, dass sich Ihr Gaumen zusammenzieht) eines Weines.

Weinsprache

Die aufmerksame Weinverkostung bleibt nicht bei sinnlichen Eindrücken stehen, sondern ist stets bemüht, diese bewusst zu machen. Dabei helfen Ihnen Worte. Sicherlich braucht man die Kraft der Sprache nicht in jedem Fall, um intensive Erlebnisse zu haben, doch wer es einmal gelernt hat, Ereignisse oder sinnliche Eindrücke mit Worten adäquat zu benennen, wird fortan vergleichbare Situationen und Erlebnisse sehr viel schneller begreifen und sich zurechtfinden. Auch beim Verkosten von Wein werden Sie feststellen, dass ein großes Vokabular die Orientierung erleichtert und dass gezielte Fragen die Begegnungen facetten- und erlebnisreicher machen. Wirkliche Vertrautheit kann sich aber nur bei ständiger Praxis einstellen.

Ebenso wie Sport, Kunst und Musik eine eigene, spezialisierte Sprache entwickelt haben, hat sich auch eine „Weinsprache" herausgebildet. Wenn Sie als Reaktion auf sinnlich bewegende Momente über bloßes Klatschen, Stöhnen oder Schluchzen hinauskommen wollen, müssen Sie Worte gebrauchen, die Ihre Leidenschaft kommunizieren. Sie müssen sich so ausdrücken, dass auch Details des Erlebten mitteilbar und verstanden werden. So ist es in den Feldern der Kunst, der Musik und der Liebe, und nicht anders ist es auch beim Wein.

Die Weinsprache verwendet Begriffe, die in anderen gesellschaftlichen Bereichen nur selten oder überhaupt nicht vorkommen (Chardonnay, Tannin, Barrique), zusammen mit solchen, die Ihnen aus dem Alltag sehr vertraut sind (süß, sauer, trocken, opulent, harmonisch) und vielen anderen, die Sie zwar selbst wahrscheinlich nicht so häufig verwenden, deren Bedeutung Sie in bestimmten Kontexten jedoch ohne Mühe verstehen (knackig, elegant, cremig, feminin, extrovertiert, verschlossen).

Die Weinsprache ist leicht erlernbar. Die beste Art, sie zu verstehen, ist fortwährende Praxis. Wenden Sie sie an, tauschen Sie Ihre Eindrücke beim Verkosten mit Gleichgesinnten aus, und es wird Ihnen wie selbstverständlich gelingen, Weine zu beschreiben. Dennoch wird der Weinsprache immer etwas Unpräzises, gelegentlich Impressionistisches anhaften.

Doch das ist in der Kunst und der Musik, wo es ebenfalls um Geschmack, Ästhetik und Wahrnehmung geht, nicht anders.

Wichtig ist, dass die Verwendung der Begriffe mit Sorgfalt geschieht, immer mit dem Ziel, das Wichtige nachvollziehbar mitzuteilen. Weinbeschreibungen, die sich in einer Flut nichtssagender Adjektive ergehen, sind für das Verständnis ebenso sinnlos wie die endlose Auflistung irgendwelcher Früchte oder Blumen. Selbst wenn solche Beschreibungen das ein oder andere Zutreffende enthalten, ihr Informationswert übersteigt kaum das einfache Aufzählen der Farben, die in einem Gemälde verwendet wurden, oder der Instrumente, die an einem Konzert beteiligt waren. Das Wesentliche geht all diesen Versuchen verloren: nämlich das Zusammenspiel der Einzelheiten, die Bedeutung und Ausstrahlung des Werkes als Ganzes.

Günstige Rahmenbedingungen

Um einen Wein richtig zu verkosten und zu genießen, sollten Sie zunächst auf geeignete Rahmenbedingungen achten: einen geruchsfreien, hellen und nicht allzu warmen Raum, saubere und geruchsneutrale Gläser, möglichst eine weiße Tischauflage und eine entspannte Atmosphäre.

Es ist das *Glas*, das den Wein erst richtig in Szene setzt und zur Geltung bringt. Er sollte deshalb aus geeigneten Gläsern getrunken werden. Benutzen Sie ein tulpenförmiges, kristallklares Glas. Gefärbte, geschliffene oder sonst wie dekorierte Ziergläser können den Trinkgenuss beeinträchtigen, vor allem aber verhindern sie eine angemessene Qualitätsprüfung.

Auf welchen Glastyp dann im Einzelnen Ihre Wahl fällt, ist letztlich eine individuelle Entscheidung nach ästhetischen und praktischen Gesichtspunkten. Das Angebot an brauchbaren Gläsern ist groß und hält garantiert für jeden Geschmack das Passende bereit. Es ist jedoch nicht unbedingt erforderlich, jeden Wein aus einem speziell für ihn geformten Glas zu trinken. Ein gut bestücktes Gläserrepertoire kommt mit je einem unterschiedlichen Weiß- und Rotweinglas, sowie je einem Champagner- und einem Dessertweinglas aus (siehe auch das Kapitel 35, *Weingläser – mehr als nur Optik*).

Die Bedeutung der *Trinktemperatur* wird nicht selten unterschätzt. Niedrige Temperaturen wirken auf unsere Papillen betäubend, bei zu hohen Temperaturen hingegen kann der Wein seine Lebendigkeit einbüßen. Mehr über die richtige Temperierung des Weins finden Sie in Kapitel 32, *Wein temperieren – die perfekte Trinktemperatur*.

Ist Ihnen an der Genauigkeit Ihrer Beurteilungen gelegen, sollten Sie auch auf Ihre *persönliche Verfassung* und die *Raumbedingungen* achten. Wein erfordert die Konzentration aller Sinne. Wer müde oder unkonzentriert ist, ist in seiner Wahrnehmungs- und Urteilsfähigkeit ebenso stark beeinträchtigt wie derjenige, der in schlecht belüfteten, zu warmen oder zu kalten, zu lauten oder zu dunklen Räumen verkosten muss. Auch Rauchen und intensive Kosmetikdüfte sind bei einer Verkostung nur störend. Das gleiche gilt für Kaffee, der die sensorische Empfindsamkeit am Gaumen stark beeinträchtigt, sowie für intensiv duftende Blumen, die die Wahrnehmung der Weinaromen verzerren. Wenn Sie mehrere Weine probieren wollen, sollten Sie zum Neutralisieren zwischen den verschiedenen Proben etwas Weißbrot und Wasser bereit halten. Ausgießtüllen (Dropstop) verhindern das Tropfen beim Einschenken.

Verkosten mit Gleichgesinnten

Gemeinsames Verkosten in einer kleinen Gruppe hat viele Vorteile. Es hat nicht nur großen Unterhaltungswert, Sie können auch einander austauschen, voneinander lernen, individuelle Vorlieben entdecken und die Freuden, die intensive Begegnungen mit Wein bescheren, gemeinsam genießen. Jeder kann ungezwungen seine Eindrücke artikulieren. Das ist dann eine wunderbare Lehrstunde in Sachen Toleranz und Bescheidenheit. Hinzu kommt, dass Sie auf diese Weise die Kosten der Veranstaltung teilen können.

Weinverkostungen mit genauen Zielvorgaben sind spannender und lehrreicher als eine beliebig zusammengestellte Probe. Interessante Resultate erbringen zum Beispiel vergleichende Verkostungen, bei denen die Proben verdeckt eingeschenkt werden, um ein Höchstmaß an Unvoreingenommenheit zu gewährleisten. Man vergleicht dabei etwa Weine aus derselben Rebsorte, die jedoch unterschiedlichen Anbaugebieten und Lagen entstammen oder unterschiedlich vinifiziert wurden. Oder man vergleicht einen bestimmten Weintyp über mehrere Jahrgänge hinweg oder probiert denselben Wein aus verschiedenen Gläsern oder bei unterschiedlichen Temperaturen. Wer hingegen einen Riesling neben einem Cabernet verkostet, wird über beide Weine kaum etwas lernen. Das Ziel sollte deshalb stets vorher festgelegt und so genau wie möglich definiert werden. Es kann dann durchaus hoch interessant sein, „Piraten“ einzuschmuggeln – also Weine, die in der Serie eigentlich nichts verloren haben.

Von Bedeutung ist auch die Verkostungsreihenfolge. Im Normalfall gilt: trockene vor süßen Weinen, leichte vor schweren, junge vor alten und weiße vor roten. In der Praxis lassen sich diese Prinzipien jedoch nicht immer gleichzeitig berücksichtigen. Dann sollten Sie nach Gefühl entscheiden. Die Unterschiede zwischen den Weinen sind am leichtesten zu erkennen, wenn Sie für jeden Wein ein eigenes Glas zur Verfügung halten und dann hin und her probieren können. Empfehlenswerte Serviermengen betragen etwa 3 bis 4 cl.

Letztlich läuft jede seriöse Verkostung – ob alleine oder in der Gruppe, mit einem Wein oder mit einer zusammengestellten Probe – in mehreren aufeinander folgenden Schritten ab: Sie beginnen mit dem Betrachten der Farbe und der gesamten äußeren Erscheinung, dann folgt das Riechen und Erschnüffeln der Aromatik, danach das Schmecken und Fühlen im Mund- und Rachenraum und schließlich das zusammenfassende Urteil. Dazu nun mehr in den folgenden Kapiteln.

Das äußere Erscheinungsbild 7

Die äußere Beschaffenheit eines Weines ist ein wichtiger Bestandteil des Trinkvergnügens. Man sagt, das Auge trinkt mit, und tatsächlich lassen wir uns von der äußerlichen Schönheit und Attraktivität eines Weines beeindrucken und in erwartungsfrohe Zustände versetzen. Doch die optische Prüfung liefert nur erste Hinweise, Ahnungen, Versprechen, die alle die Möglichkeit der Täuschung in sich tragen. So ist es letztlich beim Wein nicht anders als bei Begegnungen mit Menschen.

Tipps zur optischen Prüfung

Stellen Sie das zu einem Drittel gefüllte Glas auf einen weißen Untergrund, schauen Sie von oben auf den Wein und prüfen Sie nacheinander Klarheit, Glanz und Leuchtkraft, Farbtiefe, Kohlendioxid und Depot. Dann betrachten Sie den Wein von der Seite und prüfen dabei zunächst noch einmal die Klarheit, CO_2-Bläschen und nach einem kurzen Schwenken des Glases seine Viskosität. Schließlich neigen Sie das Glas, bis der Inhalt fast den Rand erreicht, und prüfen den Farbton und seine Schattierungen vom Zentrum zum Rand hin.

Klarheit: Wein sollte klar und nicht trüb sein – Eintrübungen gelten als Weinfehler (siehe das Kapitel 17, *Wie Sie Weinfehler erkennen*). Weißwein und Rosé sind in der Regel durchsichtig, dunklere Typen sind meist klar. Rotwein ist in der Regel klar, sehr helle Vertreter sind jedoch eher durchsichtig und sehr dunkle und farbtiefe Weine opak. Negative Beschreibungen für alle Farbtypen: verschwommen, unscharf, dunstig oder trüb.

Glanz und Leuchtkraft: Glanzhell und brillant schimmernd muss sich ein Wein vor allem an seiner Oberfläche zeigen. Erscheint er dagegen matt und dumpf, dann lässt das auf deutliche Qualitätsprobleme, vor allem aber auf einen Mangel an Säure schließen – ein Mangel, der sich auch geschmacklich niederschlagen wird. Auch alte, müde gewordene Weine verlieren ihren Glanz: Sie wirken matt und trüb, ihre Konturen sind verschwommen und unscharf. Große Weine präsentieren sich nicht nur recht lange in ihrem glanzhellen Gewand, sondern ihre Oberfläche strahlt, funkelt und leuchtet ebenso intensiv wie die von der Sonne angestrahlte Meeresoberfläche. Positiv kann ein Wein mit den Adjektiven brillant, leuchtend oder hell beschrieben werden, negativ mit matt, glanzlos oder stumpf.

Farbtiefe: Im Gegensatz zum Farbton geht es hier um die Intensität und Dichte der Farbe. Wie dicht und konzentriert die Farbe ist, sehen Sie, wenn Sie von oben ins Glas schauen und versuchen, den Stielansatz zu erkennen. Eine große Farbtiefe – das heißt, der Stielansatz ist kaum oder gar nicht mehr zu erkennen – signalisiert meistens einen vergleichsweise kraftvollen Gaumenauftritt. Sehr farbtiefe Weine kommen häufig aus heißen Anbaugebieten, können jedoch auch das Resultat altmodischer Anbaumethoden sein, bei denen ein zu intensiver Schalenkontakt und die übermäßige Zugabe von Presswein die große Farbintensität verursacht haben. Letzteres bewirkt, dass sich der Wein übermäßig tanninbetont und deshalb hart, rau und unausgewogen präsentiert. Ein Mangel an Farbtiefe hingegen ist nicht selten das Resultat überhöhter Erträge, unreifer Trauben oder zu kurzer Mazerationszeit (die Produktionsphase, in der der Wein Kontakt mit den Beerenschalen hat). Sie sollten jedoch keine pauschalen Urteile fällen und ein dichtes, tiefes Dunkerot bei einem Rotwein nicht überbewerten, und umgekehrt Farbdefizite nicht immer als Qualitätsdefizite interpretieren. Das Spektrum bei der Beschreibung der Farbtiefe reicht von undurchsichtig, tief, dunkel, dicht über blass, licht, schwach bis wässrig.

Kohlendioxid: Stillweine haben in der Regel nur wenige CO_2-Bläschen. Weinen, denen es an natürlicher Säure fehlt, verleihen sie zusätzliche

Frische und Lebendigkeit – allerdings für nicht allzu lange Zeit. Wenn welche zu sehen sind, schauen Sie, wie zahlreich und wie groß sie sind. Für Schaumweine sind CO_2-Bläschen typisch. Überprüfen Sie auch hier Menge, Größe, Entstehungsgeschwindigkeit und Dauer der Bläschen. Je kleiner und dauerhafter sie sind, desto besser ist normalerweise die Qualität des Produkts. Mit zunehmendem Alter verlieren auch Schaumweine ihr Kohlendioxid.

Depot: Ältere, gereifte Rotweine scheiden mit der Zeit einen Teil ihrer Farbstoffe und Tannine aus und bilden auf diese Weise einen Bodensatz, der auch Depot genannt wird. Diese Weine sollten unbedingt kurz vor dem Trinkgenuss dekantiert (siehe Kapitel 32, *Wein temperieren – die perfekte Trinktemperatur*) werden.

Viskosität: Sie beschreibt die Zähflüssigkeit einer wässrigen Lösung und ist in einem Wein umso ausgeprägter, je höher der Alkohol- und Zuckergehalt ist. Eine hohe Viskosität verursacht die immer wieder so andächtig und mit großer Faszination bestaunten „Tränen" oder „Kirchenfenster", die nach dem Schwenken des Weines am Glasrand entstehen. Je engmaschiger die Tränen am Innenrand des Glases herunterlaufen, desto viskoser ist der Wein. Das Spektrum reicht von sehr wässrig über etwas wässrig, etwas viskos bis hin zu sehr viskos. Sinnfällig werden Viskositätsunterschiede, wenn Sie einen dickflüssigen kalifornischen Chardonnay mit einem schlanken Pinot Grigio aus Norditalien vergleichen – denn die sind einfach zu verschieden.

Variationen der Tönung: Innerhalb der Grundtypen lassen sich bemerkenswerte Unterschiede beobachten, denn rot ist nicht gleich rot und weiß nicht gleich weiß. Es gibt fast unendlich viele, sehr feine und im Einzelfall kaum wahrnehmbare Schattierungen. Der jeweilige Farbton ist immer das Resultat sehr verschiedener Einflussfaktoren: Rebsorte, Klima und Boden, Reifegrad der Trauben, aber auch von der kellertechnischen Behandlung. Weil die Einflussfaktoren so zahlreich sind, ist es nie ganz einfach, anhand der Färbung auf Rebsorte oder die Art der Herstellung zu schließen. Insbesondere beim Rotwein spielt die Traubensorte eine entscheidende Rolle, denn einige Sorten haben mehr Farbpigmente als andere. Cabernet Sauvignon und Shiraz ergeben dunklere Weine als Pinot Noir und Nebbiolo. Zur Kräftigung der Farbe tragen zudem hohe Reifegrade der Trauben und der Ausbau im Holzfass bei. Bei den einzelnen Weinstilen ergibt sich folgendes Spektrum an Farbtönen:

Rotwein: Purpur – Rubinrot – Weinrot – Bordeauxrot – Granatrot – Ziegelrot – Rotbraun – Mahagonifarben – Tawny – Bernsteinbraun
Weißwein: Hellgrün – Bleiches, helles Gelbgrün – Strohgelb – Goldgelb – Tiefgolden – Gelbbraun – Maderisiert – Braun
Roséwein: Himbeere – Erdbeere – Granatapfel – Lachs – Aprikose

Wussten Sie schon ...

- Weingläser sollten generell nur am Stiel, niemals am Kelch angefasst werden. Dadurch vermeiden Sie unschöne Fingerabdrücke an der Glaswand und bewahren so immer den nötigen „Durchblick", um die äußere Erscheinung eines Weines richtig würdigen zu können.
- Rotweine werden mit zunehmendem Alter heller, Weißweine dunkler (siehe dazu auch die Kapitel 1 und 3 über Weiß- und Rotwein). Im hohen Alter lassen sich Weiß- und Rotweine deshalb farblich häufig nicht mehr unterscheiden.
- Bei Weißweinen, seltener bei Rotweinen, finden sich hin und wieder kleine Kristalle am Flaschenboden oder am Korken. Das ist kein Grund zur Besorgnis, denn dabei handelt es sich um kristallisierte Weinsäure, auch Weinstein genannt. Sie kann entstehen, wenn ein Wein bei Transport oder Lagerung sehr großen Temperaturschwankungen ausgesetzt war. Haben Sie Weinstein entdeckt, säubern Sie den Flaschenhals und gießen den Wein langsam aus der Flasche. Sie können auch ein spezielles Weinsieb benutzen.
- Französische Rotweine zeigen generell eine Tendenz zum Purpur, während italienische Rotweine eher zu einem bräunlichen Farbton neigen. Purpurne Rotweine sind zum Beispiel junge Weine aus den Rebsorten Cabernet Sauvignon und Cabernet Franc (junger Bordeaux, junge Rote von der Loire), Syrah (zum Beispiel Hermitage von der Rhône), Mourvèdre (Bandol), Tannat (Madiran), Malbec (Cahors). Purpurreflexe zeigen aber auch junge portugiesische Rotweine, der Priorato aus Katalonien sowie Blaufränkisch und Zweigelt aus Österreich. Beispiele für rubinrote italienische Weine sind Chianti, Brunello, Barbera oder Nero d'Avola aus Sizilien, aber auch kalifornischer und australischer Cabernet Sauvignon, Châteauneuf-du-Pape oder der spanische Rioja. Drei Beispiele für granatrote Rotweine sind Barolo, Vernatsch oder Pinot Noir.

Aromaprofile – das Reich der Düfte

8

Edle Weine besitzen ein verführerisch feines Aroma, einfache Weine duften schlicht oder manchmal auch gar nicht. Manche verfügen über ein intensives Aroma und präsentieren sich extrovertiert, laut und einnehmend, andere duften dezent und zeigen sich introvertiert, zurückhaltend und scheu. Viele sind fruchtig, manche blumig und würzig. Nach einigen Jahren der Flaschenalterung stellen sich Reifearomen ein, die an Trockenfrüchte, Herbstlaub, Leder, Honig, Nüsse oder Rosinen erinnern. Sie riechen im Wein den ganzen Reichtum der Natur. Gerade für Anfänger ist es jedoch oft ein Problem, einzelne Aromakomponenten aus einem Gesamtaroma herauszuriechen oder dieses Gesamtaroma treffend zu beschreiben. Es fehlen im wahrsten Sinne die Worte. Das ist kein Grund zur Beunruhigung, denn auch Profis haben damit ihre Probleme.

Bei der Beschreibung der Aromen arbeitet man mit Analogien, mit dem Hinweis auf einen identischen, ähnlichen oder verwandten Geruch. Die Welt der Gerüche erschließt sich am besten, wenn man sich auf die Jagd nach ihnen macht. Erforschen Sie jede Jahreszeit mit der Nase im Wind, schnuppern Sie sich durch die Gärten und Wiesen, die Wälder und Fluren, zerreiben Sie einmal ein Blatt, riechen Sie an einer Blume, zerdrücken Sie eine Frucht, riechen Sie sich durch die Sammlung Ihrer Küchengewürze und Gartenkräuter, lernen Sie das Reich der Heilkräuter und die Essenzen der Likörhersteller kennen. Und wenn Sie einmal die Möglichkeit dazu haben, besuchen Sie die Parfumfabriken von Grasse und sehen Sie dort den „Nasen" bei der Arbeit zu. Es gibt nichts Lehrreicheres.

Wissenschaftler haben bislang fast 700 verschiedene Weinaromen nachweisen können. Wenn ihre Messverfahren, die so genannte Gaschromatographie und die Massenspektralanalyse, feiner wären, würden es vermutlich noch sehr viel mehr sein. Viele dieser Aromastoffe sind durchaus nicht weinspezifisch, sondern sind im ganzen Pflanzenreich und auch bei anderen Gärprodukten häufig anzutreffen. So findet man sie in ähnlicher Zusammensetzung auch im Cidre und im Bier und, mit weiteren Substanzen vermischt, beispielsweise auch im Sauerkraut und im Käse. Die Gerüche all dieser Produkte sind jedoch deshalb so unterschiedlich, weil auch eine Mischung von gleichen Substanzen in einem anderen Verhältnis gänzlich anders riecht.

Die geruchstragenden Stoffe im Wein stammen entweder aus dem Gewebe und der Schale oder sind das Werk der Hefen oder anderer Mikroorganismen im Gärprozess. Die Geruchsnuancen, die an Früchte erinnern, kommen aus dem Fleisch oder aus den Häuten der Beeren. Weicht man die Schalen von edlen Rebsorten in Alkohol ein, findet man den Geruch von Kirschen und ihren Verwandten, von Obstkernen oder auch von schwarzen Johannisbeeren. Weine aus unreifen Beeren riechen wie die grüne Traube nach Gemüse und Laub. Die holzartigen Gerüche stammen entweder von den Kernen oder den Eichenholzfässern, in denen Wein gelagert wird. Röstaromen extrahiert der Wein ebenfalls aus dem Holzfass – allerdings nur aus solchen, die einem speziellen Toastungsverfahren unterzogen wurden. Mineralische Gerüche und solche, die an Schiefer oder Feuerstein erinnern, entstammen dem Boden, auf dem die Rebpflanze wächst.

Die Aromen werden einem Wein also weder künstlich beigemischt noch mit einem Zaubergriff in die Trickkiste der modernen Chemie individuell abgestimmt. Sie haben ihren Ursprung vielmehr in den Trauben, aus denen der Wein gekeltert wird, im Terroir, auf dem sie gewachsen sind, und schließlich im Prozess der Gärung, Lagerung und Reifung.

Die natürlichen Traubenaromen, die aus den Beeren kommen, bezeichnet man als *Primäraromen*. Es sind die fruchtigen und blumigen Aromen, die bei jungen Weinen dominieren. Mit zunehmendem Alter des Weines kommen dann würzige Aromen hinzu. In die Rubrik der *Sekundäraromen* gehören die Aromen, die durch die alkoholische Gärung entstanden sind. Der Wein wird weinig und bekommt ein anderes Aromaprofil, als er im Traubensaft besaß. Alkohol und Säuren gehen Verbindungen ein – es entstehen eine Reihe neuer Aromen. Diese Sekundäraromen sind jedoch sehr flüchtig und in der Regel nur wenige Wochen deutlich zu erkennen.

Schon im ersten Sommer nach der Weinlese verändert sich dann der Duft des Weins, egal ob er vielleicht noch im Holzfass oder schon in der Flasche liegt. Die Primäraromen und Sekundäraromen gehen zurück und es entstehen neue Duftkombinationen. Die Reife macht sich allmählich bemerkbar. Mit zunehmendem Alter gewinnt der Wein weiter an Komplexität, und immer neue Aromakomponenten entstehen.

Verzweifeln Sie nicht, wenn Sie nicht alle Aromen auf Anhieb erschnüffeln. Jeder Mensch hat unterschiedliche Geruchsschwellenwerte und -empfindungen. Auch ein Profi riecht und schmeckt nichts anderes als Sie. Er kann die Aromen aber eher differenzieren, beschreiben und benennen. Schließlich hat er mehr Erfahrung, eine geschulte Nase und einen geschulten Geschmack und den nötigen Wortschatz. Wie bei vielen Dingen gilt auch beim Riechen: Übung macht den Meister. Um die Aromen in einem Wein bestimmen zu können, hilft eine bestimmte Technik der Geruchsprüfung. Bereiten Sie zunächst das Glas auf die Verkostung vor, indem Sie es mit etwas Wein schwenken und so alle Spuren von Spülmitteln oder Schrankgeruch beseitigen. Dann befüllen Sie das Glas bis maximal zu einem Drittel, damit das Aroma ausreichend Raum zur Entfaltung hat. Die Prüfung erfolgt dann in drei Schritten. Zunächst führen Sie das unbewegte Glas zur Nase und suchen nach den feinsten, flüchtigsten Aromen, die sich bereits im Ruhezustand von der Weinoberfläche lösen. Dann bringen Sie den Wein in Bewegung, indem Sie das Glas mehrmals kreisen lassen. Dadurch vergrößert sich die Oberfläche des Weines, und auch die schwereren Duftmoleküle werden flüchtig. Wenn Sie jetzt das Glas zur Nase führen, werden Sie wahrscheinlich andere oder zusätzliche Aromen wahrnehmen als in der Ruheposition. Schließlich bedecken Sie in einem dritten Schritt das Glas mit Ihrer Hand – vorausgesetzt sie ist sauber und unparfümiert –, schwenken das Glas noch einmal heftig und riechen erneut am Wein. Nicht in jedem Fall bringt dieser letzte Schritt neue Erkenntnisse, er ist jedoch geeignet, Zweifel bei der Identifizierung von fehlerhaften Gerüchen zu beseitigen. Manche Weine zeigen sich jedoch selbst dann noch verschlossen. Entweder haben sie tatsächlich nichts zu bieten, oder sie benötigen so viel Luft, dass Sie sie in einen Dekanter umfüllen und über mehrere Stunden dem Sauerstoff aussetzen sollten (siehe dazu Kapitel 33, *Wein dekantieren und belüften*).

Damit das Weinverkosten und Erkennen der Aromen auch für Laien einfacher wird, haben die Amerikaner das Weinaromarad entwickelt. Aromaräder gab es bereits in den 70er Jahren in der Lebensmittelindustrie für die verschiedensten Nahrungs- und Genussmittel (Schokolade, Kaffee, Tee, Fleisch). Sie sind nichts anderes als ein standardisiertes System zur sensorischen Beschreibung. Das Weinaromarad wurde Mitte der 80er Jahre im Fachbereich Önologie und Weinbau der Universität von Kalifornien in Davis entwickelt und hat sich in den USA nicht nur bei Profis, sondern auch bei ganz normalen Weinkennern und -trinkern zu einem Renner entwickelt. Das Weinaromarad besteht aus drei Kreisen: Der innerste Kreis enthält 12 grobe Geruchsklassen, der mittlere Kreis besitzt 29 Unterteilungen, die im nächsten Kreis nochmals in insgesamt 94 Einzelkomponenten aufgefächert sind. So kann sich der Suchende von der Mitte, also von der gröbsten Klassifizierung, bis ganz nach außen vortasten. Dabei werden ausschließlich Geruchsbeschreibungen aus dem täglichen Leben verwendet, die nahezu jedem bekannt sind. Mit dieser „Weinsprache“ kann sich sowohl der Kenner dem Laien verständlich machen als auch der Laie dem Kenner. Eine speziell für die Aromen deutscher Weine angefertigte Scheibe erhalten Sie zum Beispiel beim Deutschen Weininstitut in Mainz.

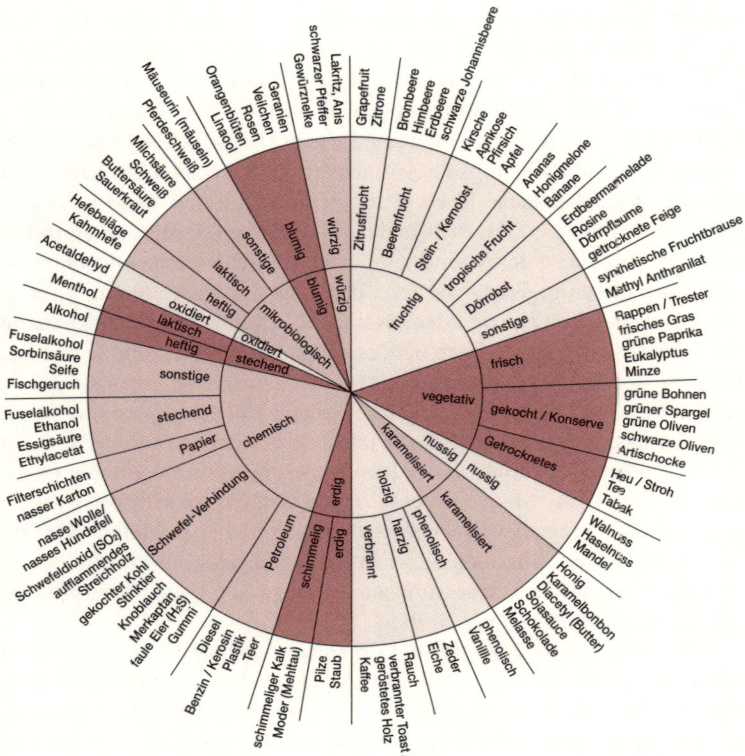

Im Handel sind heute zudem chemisch hergestellte „Aromensets“ erhältlich, die zum Training als Geruchsreferenzen hinzugezogen werden können. Leider duften sie oft zu intensiv und sind zudem synthetisch hergestellt, sodass sie in vielen Fällen die natürlich vorkommenden Aromakomponenten nicht treffen. *Geruchsreferenzen* können Sie aber auch selbst zubereiten. Zu beachten ist bei der Herstellung nur, dass die Zutaten möglichst frisch sind (Ananas aus der Dose hat beispielsweise nicht das gleiche Aroma wie frische Ananas). Eine zu lange Lagerung oder Luftzutritt verändert das Aroma.

Apfelaroma können Sie zum Beispiel herstellen, indem Sie einen halben Granny Smith klein schneiden und in 100 ml Grundwein (Silvaner oder einen einfachen Riesling) für 1 Stunde extrahieren. Und für ein Vanillearoma schütten Sie 0,5 ml natürliches Vanillearoma in 100 ml neutralen Grundwein (Portugieser, Spätburgunder oder Trollinger). Mit diesen Referenzen können Sie auch im Freundeskreis ausprobieren, ob Sie Geruchskomponenten in Weinen wiederfinden, und so Ihre eigene Nase schulen.

Die wichtigsten Weinaromen bei Weißweinrebsorten

Aromagruppe	Aroma	Rebsorte
Fruchtig	**Grüne Frucht:**	
	grüner Apfel	Chardonnay (ohne Neuholzkontakt), Müller-Thurgau
	Stachelbeere	Sauvignon blanc
	Weinbergspfirsich	Riesling
	Kiwi	Sauvignon blanc
	Zitrusfrucht:	
	Zitrone	Riesling, Müller-Thurgau
	Grapefruit	Grüner Veltliner, Sémillon
	Heimische Frucht:	
	reifer Apfel	Riesling
	grüner Apfel	Chenin blanc
	Birne	Weißburgunder
	Pfirsich	Riesling
	Aprikose	Semillon, Muskateller
	Quitte	Riesling, Chenin blanc
	schwarze Johannisbeere	Sauvignon blanc
	Tropische Frucht:	
	Banane	kalt vergorene Weine
	Ananas	kalt vergorene Weine
	Honigmelone	Chardonnay aus warmem Klima
	Mango	edelsüße Weine
	Maracuja	Sémillon, Sauvignon blanc
	Litschi	Gewürztraminer
	Künstliche Frucht:	
	Eisbonbon	kalt vergorene Weine
	Drops	kalt vergorene Weine
	Getrocknete Frucht:	
	getrocknete Aprikose etc.	gereifte Weine, Botrytis

	Rosinen	Botrytis
	nussig (Haselnuss, Walnuss)	Chardonnay (mit Neuholzkontakt), Champagner
	Bittermandel	ital.Weißweine (Vermentino, Vernaccia)
Blumig	Rose	Gewürztraminer
	Akazie	Chenin blanc
	Hyazinthe	Muskateller
	Lindenblüte	Weißburgunder
	Orangenblüte	Muskateller
	Geisblatt	Viognier
	Jasmin	Gewürztraminer
Vegetabil/ pflanzlich	Gras	Sauvignon blanc
	Minze/Melisse	Silvaner
	grüner Pfeffer	Müller-Thurgau, Grüner Veltliner
	Dill	Grüner Veltliner
	Fenchel	Verdejo
	Pilze	Chardonnay
	Paprika	Sauvignon blanc
	Brennnessel	Sauvignon blanc
	Tomatengrün	Sauvignon blanc
	grüner Spargel	Sauvignon blanc
	Artischocke	Sauvignon blanc
	Heu	Sauvignon blanc
	Mais	Chardonnay
Würzig	Muskat	Müller-Thurgau
	Vanille	Chardonnay, generell bei Neuholzeinfluss
	Gewürznelke	dto.
	Zimt	dto.
Animalisch	nasse Wolle	Chenin blanc
	Moschus	Muskateller
	Katzenurin	Sauvignon blanc
Karamellisiert, verbrannt	Karamell	Weine mit Neuholzeinfluss
	Honig	Riesling, Chenin blanc
	Malz	Chenin blanc
	Toast	Weine mit Neuholzeinfluss

	Butter	Chardonnay, Weine mit Neuholz-einfluss
	geröstet	Weine mit Neuholzeinfluss

Mineralisch	Petroleum	Riesling (gereift)
	Wachs	Chenin blanc
	Schiefer	Riesling

Die wichtigsten Weinaromen bei Rotweinrebsorten

Aromagruppe	Aroma	Rebsorte
Fruchtig	**Beerenfrüchte**:	
	Brombeere	Syrah, Lemberger, Malbec, Mourvèdre, Nero d'Avola, Lagrein
	Himbeere	Pinot Noir
	Erdbeere	Pinot Noir, Gamay
	rote Johannisbeere	Portugieser, Trollinger, Grenache
	schwarze Johannisbeere	Cabernet Sauvignon
	Holunder	Sangiovese, Nero d'Avola
	Heidelbeere	Syrah
	Blaubeere	Merlot, Grenache, Lemberger
	Steinfrucht:	
	Sauerkirsche	Sangiovese, Portugieser, Carmenere
	Süßkirsche	Barbera, Nebbiolo, Tempranillo, Pinotage, Montepulciano, Zweigelt, Periquita
	Pflaume	Nebbiolo, Merlot, Tempranillo, Zinfandel
	Künstliche Frucht:	Trollinger
	Gekochte Frucht:	
	Pflaumenmus	Grenache, Zinfandel
	Erdbeermarmelade	sehr reifer Pinot Noir
	Beerengelee	Grenache
	Johannisbeerlikör	Cabernet Sauvignon

	Getrocknete Frucht:	
	Dörrpflaume, Feigen	Nero d'Avola, Zinfandel, Merlot Amarone, Portwein
Blumig	Veilchen	Sangiovese, Nebbiolo, Syrah
	Rose	Nebbiolo
	Holunderblüte	Sangiovese
Vegetabil	**Frisch**:	
	grüne Paprika	Cabernet Sauvignon, Cabernet Franc
	Rote Beete	Zweigelt
	Eukalyptus	australische Rotweine
	Minze	Cabernet Sauvignon
	Gekocht:	
	grüne Bohnen	Cabernet Sauvignon
	schwarze Olive	Syrah
	Getrocknet:	
	schwarzer Tee	Sangiovese
	Tabak	Merlot, Tempranillo
Würzig	**Strenge Gewürze**:	
	schwarzer Pfeffer	Syrah
	Lakritz	Nebbiolo, Malbec, Syrah
	Lorbeer	Sangiovese
	Salbei	Sangiovese, Grenache, Syrah
	Rosmarin	Syrah, Grenache
	Sojasauce	Camenere
	Dill	Cabernet Franc
	Süße Gewürze:	
	Vanille	Weine mit intensivem Neuholzkontakt
	Gewürznelke	Malbec, Syrah, Merlot
	Zimt	Merlot
Nussig	Mandeln	Trollinger
	Geröstete Nüsse	Merlot
Erdig	Laub	Gereifte Weine, Pinot Noir, Nebbiolo
	Wald	Nebbiolo, Tannat, Pinotage, Merlot
	Pilze	Merlot
	Trüffel	Nebbiolo
	Graphit	Cabernet Sauvignon

Röstaromen	Kaffee/Mokka Schokolade Karamell	Cabernet Sauvignon Grenache, Syrah Barriqueausbau

Rauchig, animalisch	**Rauchig**:	
	Leder	Nebbiolo, Pinot Noir (gereift)
	geräucherter Speck	Syrah
	Wild	Pinot Noir (gereift), Syrah (gereift)
	Teer	Nebbiolo, Pinotage
	Medizinton (Jod)	Pinotage
	Weihrauch	Pinot Noir
	verbranntes Gummi	Pinotage
	Holzrauch	Syrah
	Holzig:	
	getoastetes Holz	Pinot Noir (gereift), Syrah
	Zedernholz	Cabernet Sauvignon

Die Geschmacksprüfung am Gaumen

9

Das Aroma eines Weins zu würdigen fällt leichter als die Geschmacksprüfung. Bei der Geschmacksprüfung müssen Sie sehr viele verschiedene sensorische Dimensionen berücksichtigen: Der Gaumeneindruck wird von einer Vielzahl von Komponenten bestimmt, die Sie sowohl einzeln als auch in ihrem komplexen Zusammenspiel wahrnehmen. Neben der Beherrschung der richtigen „Schmecktechnik" ist es deshalb auch wichtig zu wissen, auf welche Geschmacksaspekte und Sinneseindrücke Sie sich konzentrieren müssen. Die Techniken, einen Wein geschmacklich zu prüfen, sind leicht zu lernen – entscheidend ist jedoch, was Sie daraus machen. Schenken Sie deshalb vor allem jenen Weinen viel Zeit und Zuwendung, die es aufgrund ihrer Klasse verdienen, und machen Sie mit den einfachen Produkten kurzen Prozess.

Richtiges Verkosten beginnt mit dem richtigen Schluck: nicht zu viel, aber auch nicht zu wenig. Ich rate zu etwa 6 bis 8 ml. Eine größere Menge erweist sich als unkomfortabel, ist schwer im Mund zu handeln und zwingt Sie zum Schlucken. Zudem dauert es länger, bis der Wein sich am Gaumen erwärmt hat. Andererseits kann eine zu geringe Menge nicht den ganzen Gaumen benässen und wird durch den

Speichel so sehr verdünnt, dass sich zu wenig Geschmacksempfindungen einstellen.

Nun formen Sie Ihre Lippen, als wollten Sie pfeifen, und saugen den Wein mehr an, als dass Sie ihn in Ihren Mund fließen lassen. So trifft der Wein zunächst auf die Zunge und den Mundvorraum. Neigen Sie jetzt Ihren Kopf nach vorne und halten Sie den Wein für einen Moment im Mundvorraum. Für die Zunge, die an ihrer Spitze besonders sensibel für Süßeempfindungen und an ihren seitlichen Rändern für Säureempfindungen ist, ist das eine gute Gelegenheit, nach Süße und Säure im Wein zu suchen.

Von da an ist alles in Bewegung, weshalb der Wein jetzt in Kontakt mit allen Bereichen der Mundhöhle kommt: Halten Sie Kiefer leicht geöffnet und immer in Bewegung – dadurch entsteht auch der Eindruck des „Weinbeißens". Bewegen Sie mit der Zunge den Wein hin und her und wechseln Sie die Kontaktflächen zwischen Wein und Schleimhaut immer wieder. Bewegen Sie Ihre Zunge in alle Richtungen, lassen Sie den Wein durch die Mundhöhle rollen und pressen Sie ihn gegen den Gaumen.

Während Sie den Wein am Gaumen bearbeiten, saugen Sie gelegentlich immer mal wieder Luft an, was für zusätzlichen Wirbel sorgt und die Freisetzung von Aromen und Geschmacksstoffen befördert. Ab und zu schlucken Sie dann geringe Mengen des Weins. Auf diese Weise stimulieren Sie Ihre Geschmacksrezeptoren im Rachen und sorgen dafür, dass sich über den retronasalen Kanal – also den Nasen-Rachen-Raum – Ihre Nase ins Geschehen einmischt und für zusätzliche sensorische Eindrücke sorgt. Durch die Erwärmung im Mund sind nicht selten neue Aromakomponenten wahrzunehmen. Dann wird es Zeit, sich vom Wein zu trennen. War es ein guter, dann halten Sie ihn vielleicht 10 bis 15 Sekunden im Mund und müssen den Vorgang mehrmals wiederholen, um die Komplexität des Weines zu schmecken. War er weniger gut, dürfte die Hälfte der Zeit bei nur einem Durchgang durchaus ausreichen. Wenn Sie mehrere Weine probieren wollen, empfiehlt es sich nicht, die gesamte verkostete Menge zu schlucken, sondern den größten Teil wieder auszuspucken.

So weit der technische Ablauf. Sie werden ihn mit zunehmender Erfahrung verinnerlichen und automatisieren. Je besser Sie die Degustationstechnik beherrschen, desto weniger brauchen Sie sich auf sie zu konzentrieren und desto freier und zielgerichteter können Sie sich den für Qualität und Stilistik wichtigen Dimensionen des Weines zuwenden. Diese werden im Folgenden einzeln der Reihe nach behandelt. Sie sollten sich jedoch stets bewusst halten, dass sie in der Praxis alle zusammenspielen und in ihrer Wirkung einander beeinflussen.

Süße – stilistischer Bestandteil statt Qualitätsmerkmal

10

Wie sich die Zeiten ändern: Heute ist trocken in und süß out. Selbst diejenigen, die mit Wein nur sehr wenig anzufangen wissen, sind bei der Bestellung im Restaurant nicht verlegen: „Einen trockenen Weißwein bitte!“ Fast scheint es so, als habe sich die Eigenschaft „trocken“ zu einem allseits anerkannten Qualitätsnachweis entwickelt – doch das ist sie nicht. Trocken oder süß sind nichts weiter als zentrale Merkmale der geschmacklichen oder stilistischen Performance eines Weines. Es gibt gute und schlechte Süßweine, genauso wie es gute und schlechte trockene Weine gibt.

Ob wir einen Wein trocken oder eher süß empfinden, liegt vor allem an der Höhe des vorhandenen Zuckeranteils. Dieser variiert von 0,1 bis zu 20 Prozent. Es ist ein Wesensmerkmal trockener Weine, dass ihr Zuckergehalt gering ist. Wenn der Kellermeister nicht eingreift, gärt fast jeder Most – bis auf die ganz süßen – automatisch durch, und im Ergebnis entsteht ein durchgegorener, trockener Wein. Gesetzlich darf ein trockener Wein einen Zuckergehalt von maximal 9 g/l (Gramm pro Liter) aufweisen, faktisch ist er selten höher als 2 bis 4 g/l. Weine mit einem Zuckergehalt zwischen 10 und 18 g/l gelten als halbtrocken, zwischen 19 und 45 g/l als lieblich und darüber als süß. Im Falle der sehr süßen Weine kann der Zuckeranteil auf über 200 g/l ansteigen (siehe dazu auch das Kapitel 4, *Süßweine – der Kampf gegen das Negativimage*).

Allerdings hängt die Wirkung der Süße auf unseren Geschmackssinn auch in hohem Maße von anderen Faktoren ab, wie dem Gehalt an Säure, Tannin und Kohlendioxid sowie der Serviertemperatur. Auch der Alkohol im Wein kann einen süßen Geschmackseindruck hervorrufen, ebenso Glyzerin und ein hoher Gehalt an Pektin (ein gelierender Pflanzenstoff aus den Beeren).

So können trockene Weine mit einem Restzuckergehalt von weniger als 2 g/l, aber hohem Alkoholgehalt – beispielsweise so mancher Chardonnay oder Shiraz – durchaus süß schmecken, während der von der stark säurehaltigen Chenin-blanc-Traube gewonnene, süße Vouvray mit über 30 g/l Restzucker recht trocken schmeckt. Und wegen seiner hohen Säure wird auch so mancher deutsche Riesling noch mit einer Restsüße von fast 20 g/l als trocken empfunden. In einem Vintage Port sorgt der hohe Tanningehalt dafür, dass der ebenfalls hohe Süßegehalt deutlich abgeschwächt erlebt wird. Fehlt es einem Wein an Inhaltsstoffen, die die Süße balancieren und ausgleichen können, dann wirkt er plump und klebrig, fast wie Zuckerwasser: Man sagt dann, der Wein ist flach.

Tipp: Beschreibung der Süßgrade

Positiv: knochentrocken, sehr trocken, trocken, halbtrocken, dezent lieblich, lieblich, zart süß, süß und edelsüß
Negativ: plump, klebrig, flach

Die Süße trägt ihrerseits dazu bei, andere Geschmacksstoffe in einem Wein zu betonen beziehungsweise abzuschwächen. Sie neutralisiert nicht nur Säure und Tannin, sondern auch Alkohol. Alkoholreiche Gewürztraminer aus dem Elsass werden gerne mit etwas Restsüße abgefüllt, damit die scharfe Wirkung des hohen Alkohols nicht so deutlich zum Vorschein kommt. Auch dient die Süße als Geschmacksträger und verstärkt in dieser Eigenschaft das Mundaroma eines Weines.

Wahrgenommen wird Süße vor allem, aber nicht ausschließlich an der Zungenspitze, weshalb sie oft den ersten Eindruck beim Verkosten bestimmt. Doch die sensorische Empfindsamkeit ist von Mensch zu Mensch unterschiedlich. Wer viel Süßes isst, ist an diesen sensorischen Eindruck gewöhnt und hat dann meist eine höhere Wahrnehmungsschwelle als jemand, der selten Süßes kostet.

Wussten Sie schon ...

- Den süßlichen Geschmack von Alkohol können Sie auf eine leichte Art feststellen: Wenn Sie in ein Glas Wasser relativ geschmacksneutralen Wodka geben, werden Sie mit steigender Dosis immer deutlicher Süße wahrnehmen. Überschreitet der Alkohollevel allerdings eine bestimmte Höhe, dann gewinnt die bittere, brennende, die Schleimhaut reizende Wirkung des Alkohols die Oberhand.
- Die Bezeichnungen für die Süße in Schaumweinen unterscheiden sich von denjenigen für Stillweine: Extra Brut werden Schaumweine mit einer Restsüße bis zu 6 g/l bezeichnet, Brut bis zu 15 g/l, Extra Trocken zwischen 12 und 20 g/l, Trocken zwischen 17 und 35 g/l, Halbtrocken zwischen 35 und 50 g/l und Süß ab einem Restzuckergehalt von 50 g/l.
- Spätlesen und Auslesen müssen keineswegs immer mit Restsüße, sondern können gänzlich trocken abgefüllt werden.

Säure – das Rückgrat des Weines

Wenn man von der Säurebetontheit eines Weines spricht, ist damit einerseits der sensorische Eindruck von Frische und Lebendigkeit gemeint, andererseits aber auch eine gewisse säuerliche, appetitanregende und die Speichelproduktion in Gang setzende Wirkung: Das Wasser läuft Ihnen im wahrsten Sinne des Wortes im Mund zusammen, und an den seitlichen Zungenrändern und den Wangenschleimhäuten erleben Sie ein Ziehen (Adstringenz). Sehr hohe Säurewerte können nämlich den Speichel verdünnen und dann eine adstringierende, dem Tannin ähnliche Wirkung auf die Mundschleimhäute ausüben.

In welchem Maß Sie Säure am Gaumen geschmacklich realisieren, hängt nicht nur von der Säuremenge ab, sondern vor allem von dem relativen Gewicht im Verhältnis zu anderen Inhaltsstoffen. Zucker beispielsweise neutralisiert Säure, genauso wie Alkohol. Ist der Alkoholgehalt jedoch sehr hoch, dann kann er die Schärfe der Säure in ihrer Wirkung noch erhöhen. Tannin und Säure wiederum addieren sich in ihrer Wirkung. Sie sehen also, wie unterschiedlich diese Inhaltsstoffe aufeinander reagieren.

Säure bringt Spannkraft in einen Wein, sie ist sein Rückgrat. Vor allem in Weißweinen und solchen Rotweinen, die kein oder nur wenig Tannin besitzen, sind es die Säuren, die ihm innere Festigkeit und Struktur verleihen und zu langem Leben befähigen. Wie in jeder Frucht ist Säure auch in den Trauben ein wichtiger Geschmacksverstärker, der dann auch im Wein dafür sorgt, dass die Aromen und Geschmacksnuancen deutlicher hervortreten.

Gerade im Fall der Säure kommt es jedoch auf das rechte Maß an. Ein zu hoher Säurewert macht einen Wein hart, kantig und scharf. Fehlt dagegen Säure, schmeckt er flach und flau oder breit, schwer und behäbig. Das, was ein günstiges Säureniveau ist, lässt sich immer nur im konkreten Fall beantworten, weil dieser Wert, wie gesagt, stark von den Wirkungen anderer Inhaltsstoffe abhängig ist: Alkohol, Zucker und Tannin. So kann ein Säurewert von beispielsweise 7 g/l in dem einen Wein ein Optimum an Harmonie bewirken, während die gleiche Menge in einem anderen zu niedrig und in einem dritten zu hoch erscheint.

Tipp: Beschreibung der Säuregrade

Positiv: niedrig, mild, moderat, lebhaft, rassig, hoch, vibrierend

Negativ: flach, schal, fade, breit, schwer beziehungsweise unreif, scharf, grün, beißend, aggressiv, hart

Es gibt von Natur aus eher säurebetonte und eher säurearme Weine. Vor allem die Rebsorte, aber auch ihr Standort und die jährlichen Witterungsverhältnisse haben einen großen Einfluss auf den Säuregehalt. Auf der Nordhalbkugel entstehen um so säurereichere Weine, je nördlicher das Anbaugebiet und je höher die Weinberge gelegen sind. Kühle Jahrgangsbedingungen verstärken diesen Effekt zusätzlich. Mit jedem Tag im Herbst, an dem die Zuckerbildung in den Trauben weiter vorankommt, wird im Gegenzug in jeder einzelnen Beere Säure abgebaut oder auch „veratmet". Die Zuckerbildung geht also zulasten des Säuregehalts.

Unter ansonsten gleichen Bedingungen macht es dann einen großen Unterschied, ob der Wein aus einer von Natur aus säurebetonten oder eher säurearmen Rebsorte gekeltert wird. Zu den säurebetontesten Sorten im Weißweinbereich zählen vor allem Riesling und Sauvignon blanc. Ob allerdings der Riesling von der Mosel oder dem wärmeren, weit südlicher gelegenen Gebiet des Kaiserstuhls kommt, macht einen großen Unterschied. Ebenso präsentieren sich neuseeländische Sauvignons von der Südinsel stärker von der Säure geprägt als solche von der Nordinsel. Müller-Thurgau ist dagegen eine eher säurearme Sorte, doch in Südtiroler Höhenlagen gepflanzt, erbringt sie wesentlich höhere Säurewerte als beispielsweise in den Ebenen des rheinhessischen Hinterlandes. Das sollten Sie sich bewusst machen, wenn Sie Riesling oder Sauvignon aus unterschiedlichen Anbaugebieten probieren.

Die meisten Rotweine werden heute einer so genannten „malolaktischen Gärung" unterzogen, um den Säuregehalt zu verringern: Nach der alkoholischen Gärung werden Milchsäurebakterien im Wein aktiv und greifen die Äpfelsäure an. Dabei spalten sie die Äpfelsäuremoleküle und wandeln sie in die mildere Milchsäure um. Der Säuregehalt im Wein sinkt, und sein Geschmack wird weicher und voller. Die malolaktische Gärung wird durch Bakterien in Gang gesetzt, die sich bereits im Weinberg unter die Hefen gemischt haben, aber auch in den Fässern anzutreffen sind. Sie ist ein natürlicher Vorgang, der in vielen Anbaugebieten spontan und von alleine im Frühjahr stattfindet. Weinmacher können sie aber auch gezielt herbeiführen, indem sie die Temperatur erhöhen oder Milchsäurebakterien zufügen.

Für Weißweine lehnen die meisten Winzer den biologischen Säureabbau, wie die malolaktische Gärung auch genannt wird, jedoch ab. Sie sind über jedes belebende Gramm Säure froh, das ihr Wein aufweist. Das gleiche gilt auch für Weine, die jung getrunken werden und von ihren frischen Primäraromen leben. Ausnahmen sind die besseren Weißweine aus Burgund und Bordeaux, die heute fast alle im kleinen Barriquefass vergoren werden. Generell wird nur bei solchen Weißweinen die malolaktische Gärung unterstützt, für die eine Flaschenalterung vorgesehen ist. Diese Weine verlieren dadurch zwar einen Großteil ihrer natürlichen Aromastoffe, sie entwickeln jedoch mit zunehmender Reife Komplexität und Vielschichtigkeit.

Wussten Sie schon ...

- In wärmeren Regionen, in denen die Trauben nicht genügend Säure bewahren können, wird der Wein häufig nachgesäuert.
- Niedrige Trinktemperaturen lassen die Säure sensorisch deutlicher hervortreten als hohe.
- Gute wie schlechte Weine können mild und säurearm, aber auch vibrierend und säurereich sein. Es kommt auf das harmonische Zusammenspiel mit den anderen wichtigen Weininhaltsstoffen an.
- Säurebetonte Weine haben bessere Voraussetzungen, in der Flasche zu reifen und zu altern, als säurearme. Für Weine, die eine malolaktische Gärung hinter sich haben, gelten Sonderbedingungen.
- Der pH-Wert ist eine weitere, sogar noch bessere Maßangabe für den Säuregehalt, da er sich ausschließlich auf die geschmacklich aktiven Säuren bezieht. Er wird im Labor anhand der freien Wasserstoffionen gemessen.
- Italienische Rotweine (Rebsorten: Barbera, Nebbiolo, Sangiovese, Montepulciano, Corvina) sind in der Regel deutlich säurebetonter als französische Rotweine (Rebsorten: Merlot, Syrah, Grenache, Mourvèdre).

Körper und Alkohol – von schlank bis füllig 12

So wie wir Menschen hat auch der Wein einen Körper, doch anders als wir fühlt er keine Scham, wenn er wohlbeleibt und füllig daherkommt. Wenn man vom Körper eines Weines spricht, meint man den sensorischen Eindruck seines Gewichtes und seiner Fülle, also das, was man als mehr oder weniger voluminös im Mundraum erlebt. Die Skala reicht an ihren beiden Enden von leicht bis schwer, von körperarm bis körperreich, von schlank bis füllig, oder – unter negativen Vorzeichen – von wässrig bis übergewichtig. Es handelt sich hierbei eindeutig um Elemente der Weinstilistik ohne irgendeine Aussagekraft hinsichtlich Güte und Qualität. Oder anders formuliert: Gute wie schlechte Weine können voluminös und körperreich sein, aber auch rank und schlank.

Für Fülle und Körperreichtum in einem Wein ist vor allem der Alkohol verantwortlich. Seine materielle Substanz bewirkt ein Gefühl von Wärme und Volumen. Optisch sichtbar wird dies an dem, was Sie weiter oben als Viskosität kennen gelernt haben (siehe das Kapitel 7, *Das äußere Erscheinungsbild*). Am Gaumen erleben Sie Weine mit hohem Alkohol als körperreich, Weine mit niedrigem Alkohol als schlank. In diesem Sinne erfüllt er im Wein dieselbe Funktion wie Fett in der Milch. Ein Vergleich zwischen Vollmilch und entrahmter Milch lässt Sie vielleicht sehr gut nachvollziehen, was unter dem „Körper" einer Flüssigkeit zu verstehen ist. Ähnliches erleben Sie, wenn Sie einen portugiesischen Vinho Verde mit circa 10 Vol.% Alkohol neben einem australischen Shiraz mit 14,5 Vol.% probieren. Generell ist der Alkoholgehalt umso höher, je näher sich die Weinberge am Äquator befinden. In kühleren Breitengraden, wo die Trauben zu wenig natürlichen Zucker entwickeln, unterstützt man gelegentlich die Alkoholbildung durch die Zugabe von raffiniertem Zucker.

Tipp: Beschreibung der Alkoholgrade

Positiv: leicht, moderat, merklich, kraftvoll, wuchtig, feurig
Negativ: mager, dünn, brandig, spritig

Auf das Volumen übt der so genannte Extrakt ebenfalls einen sehr großen Einfluss aus. Extrakt meint alle im Wein gelösten, nicht-flüchtigen Substanzen (Zucker, Säuren, Glycerin, Phenole und Mineralien), die übrig blieben, wenn der Wein erhitzt und verdampfen würde. Hohe Extraktwerte (über 30 g/l) lassen einen Wein um einiges voller, konzentrierter und schwerer erscheinen als niedrige Werte (unter 20 g/l).

Günstig ist es, wenn Extrakt- und Alkoholniveau gut aufeinander abgestimmt sind. Hoher Alkoholgehalt bei niedrigen Extraktwerten lässt einen Wein leicht einseitig alkoholisch erscheinen. Um einen guten Wein zu machen, ist ein hoher Alkoholgehalt zwar günstig, die anderen Elemente müssen jedoch mit dem Alkohol mithalten. Aber auch der umgekehrte Fall schafft Probleme. Dominiert der Extrakt gegenüber dem Alkohol, wirkt der betreffende Wein meist hart, rau und karg, ihm fehlt es an Geschmeidigkeit und wohltuendem Schmelz.

Tipp: Beschreibung des Körpers

Positiv: schlank, leicht, feingliedrig, mittelgewichtig, muskulös, füllig, schwer, üppig
Negativ: leer, wässrig, dünn, flach, breit, plump, übergewichtig

Wussten Sie schon ...

- Alkohol wird normalerweise in Volumenprozenten (Vol.%) gemessen. Um Volumenprozente in Gramm pro Liter umzurechnen, kann auf folgende Formel zurückgegriffen werden: Vol.% Alkohol x 7,89 = Gramm/Liter Alkohol. Ein Wein von 10 Vol.% verfügt also über 78,9 g/l Alkohol, das heißt in einer Flasche von 0,75 l würden sich in diesem Fall 59,175 g Alkohol befinden.
- Wenn Sie errechnen möchten, wie sich der Genuss von Wein auf Ihren Blutalkoholspiegel auswirkt, können Sie das mithilfe folgender Formel tun: Promille = Alkohol in Gramm / (Körpergewicht in kg x 0,7). Zu berücksichtigen ist, dass bei der Aufnahme etwa 10 Prozent des Alkohols nicht resorbiert wird und dass pro Stunde circa 0,1 Promille abgebaut werden.
- Die chemische Formel für die alkoholische Gärung lautet: $C_6H_{12}O_6$ (Zucker) = $2C_2H_5OH$ (Alkohol) + $2CO_2$ (Kohlendioxid). Kohlendioxid entweicht als geruchloses Gas dem gärenden Wein in Form von Blasen.
- Die Wirkung des Alkohols im Wein ist nicht allein auf das Volumen beschränkt:
  - Er erzeugt einen ganz dezenten Süßeeindruck, der mit zunehmender Höhe in Bitterkeit umschlagen kann (siehe auch das Kapitel 10, *Süße – stilistischer Bestandteil statt Qualitätsmerkmal*).
  - Er fungiert als wichtiger Geschmacksträger für die Aromen und sorgt für ihre Verteilung im Mundraum ebenso wie für ihre Persistenz im Abgang.
  - Er spielt eine wichtige Rolle bei der Konservierung: Alkoholarme Weine sind für die Einwirkung von Sauerstoff sehr viel anfälliger als alkoholreichere.

13 Tannin – Formgeber für Rotweine

Die Frage nach der Tanninbetontheit betrifft vor allem Rotweine. Wenn man von der Tanninbetontheit eines Rotweines spricht, ist damit hauptsächlich der mehr oder weniger intensive sensorische Eindruck von Adstringenz gemeint. Als Adstringenz wiederum bezeichnet man die Empfindung am Gaumen, welche die Zähne stumpf erscheinen, den Gaumen sich zusammenziehen und den Mund austrocknen lässt. Der adstringierende Charakter des Tannins rührt von der Fähigkeit seiner Moleküle her, sich mit den Eiweißmolekülen in unserem Speichel zu verbinden, sie zu „koagulieren“. Der Speichel verliert durch die Gerinnung des Eiweißes seine Gleitfähigkeit, sodass das Aufeinandertreffen von Zunge und Zahnfleisch ungewohnt rau und holprig erlebt wird. Diesen Effekt können Sie sich wunderschön selbst beschaffen, indem Sie den Mund gründlich mit tanninbetontem Rotwein ausspülen und diesen anschließend wieder ausspucken. Das anschließende Gefühl im Mundraum veranschaulicht eindrucksvoll die Gerinnungseigenschaften des Tannins.

Tannine hinterlassen am Gaumen also weniger einen geschmacklichen als vielmehr einen – mehr oder weniger intensiven – physischen Eindruck. Sie ertasten die Tannine mehr, als dass Sie sie schmecken. Die Adstringenz der Tannine wird durch einen hohen Säuregehalt noch hervorgehoben – weshalb tanninbetonte Weine weniger Säure brauchen als tanninarme. Weine, die sowohl hohe Tannin- als auch hohe Säurewerte haben, benötigen einen kräftigen Alkoholgehalt und eine aromatische Tiefe, wenn sie einen Zustand innerer Harmonie erreichen wollen. In geringerem Maße sind die Tannine auch als Geschmacksstoffe (zum Beispiel Vanillin, Zimtaldehyd) bedeutsam.

Das Ausmaß an Adstringenz, ob sie also eine sanfte Herbheit oder ein starkes Zusammenziehen bewirkt, hängt von verschiedenen Faktoren ab: der Rebsorte, ihrem Reifegrad, den Vinifizierungsmethoden sowie vom Alter und der Reife des Weines. Einer Reihe tanninbetonter Rebsorten, allen voran Cabernet Sauvignon, Syrah, Tannat und Nebbiolo, stehen die von Natur aus tanninärmeren Sorten Gamay, Barbera, Trollinger, Portugieser gegenüber.

Die Tanninskala reicht von tanninarm bis tanninreich, von geschmeidig, weich und seidig bis krautig, hart und rau. Eine gute Tanninqualität beeinflusst die Frische und Saftigkeit eines Weines ebenso wie dessen geschmacklichen Reichtum. Vor allem aber bestimmt sie, wie er sich am Gaumen anfühlt und welchen Eindruck seine Textur (siehe dazu das folgende Kapitel 14, *Textur – die Berührung an Zunge und Gaumen*) hinterlässt. Die Tannine sorgen für Form, Struktur und innere Festigkeit bei Rotweinen und schaffen die Voraussetzung für ein langes Leben. Trotzdem gilt auch hier: Gute wie schlechte Weine können zart und tanninarm, aber auch trocken, fest und tanninreich sein.

Tipp: Beschreibung des Tannins

Positiv: weich, zart, abgerundet, dezent adstringierend, stark adstringierend

Negativ: hart, grün, unreif, krautig, bitter

Die Tannine finden sich in drei verschiedenen Bestandteilen der Rotweinmaische: in den Beerenschalen, den Stielen und den Kernen. Das weichste, am wenigsten verholzte Zellgewebe weisen die Schalen auf. Die in ihnen enthaltenen Tannine sind besonders fein, vor allem wenn die Trauben sehr reif waren. Das Tannin aus den beiden anderen Quellen ist bei den Winzern weniger beliebt, weshalb sie sich auf die Extraktion des edlen Traubentannins konzentrieren.

Immer wieder werden die Tannine für die Bitterkeit mancher Weine verantwortlich gemacht. Doch in der Mehrzahl der Fälle tut man ihnen mit dieser Anschuldigung unrecht. Nur unreifes Tannin von unzureichend ausgereiften Trauben bringt einen bitteren Geschmack in den Wein. Ähnliche Wirkungen gehen von zu starkem Ausquetschen der Beerenschalen, übermäßiger Extraktion während der Mazerationsphase (der Phase, wenn der Wein Kontakt mit den Schalen hat), gelegentlich auch von zu viel Neuholzkontakt und – vor allem in Weißweinen – von hohem Alkoholgehalt aus.

Das Ausmaß an Adstringenz hängt jedoch auch vom Grad der Polymerisation des Tannins ab. Darunter versteht man die Verbindung von einzelnen Molekülen einer Substanz zu größeren Molekülen, die sich wiederum zu Polymeren zusammenschließen. Je größer ein Molekül ist, umso stärker ist seine Fähigkeit, sich mit dem Speichel zu verbinden und umso intensiver ist die adstringierende Wirkung. Bei der gleichen Menge an Tannin hängt die Stärke der Adstringenz also von dem unterschiedlichen Polymerisationsgrad ab.

Mit dem Altern eines Weines schreitet die Polymerisation kontinuierlich fort. Aus diesem Grund werden tanninhaltige Weine, denen eine lange Alterung zugedacht ist, zunächst einmal immer härter: Sie schmecken nach ein paar Jahren Flaschenlagerung mehr nach Tannin als unmittelbar nach der Flaschenabfüllung. Doch dieses Resultat kehrt sich nach gewisser Zeit auch wieder um: Wenn die Polymerisation einen hohen Grad erreicht hat, verlieren die sehr großen Moleküle die Fähigkeit, sich mit dem Mundeiweiß zu verbinden – die Adstringenz schwindet, der Wohlgeschmack aber bleibt. Gleichzeitig verbinden sich diese Moleküle mit anderen Weinbestandteilen, werden unlöslich und fallen als Depot auf den Flaschenboden.

Rotweine, die man für eine bestimmte Zeit in Barriquefässer gibt, um ihre Reifung zu forcieren, lösen aus dem Fass Holztannine. Allerdings ist das Holztannin von völlig anderer Beschaffenheit als das Schalentannin: Es polymerisiert nicht und bleibt folglich mit zunehmenden Alter unverändert. Es besteht zudem aus anderen Kohlenwasserstoffverbindungen. Holztannine sind für die typischen Geruchsnoten von süßer

Vanille, gerösteten Haselnüssen, Gewürznelken und Karamell verantwortlich.

Überraschend ist dabei, dass die Intensität des Barriquearomas nicht proportional zur Lagerdauer zunimmt. Weine, die nur drei oder vier Monate gelagert wurden, schmecken härter und unharmonischer als Weine, die ein bis zwei Jahre gelagert wurden. Wenn eine geeignete Weinqualität gegeben ist, werden nämlich bei längerer Lagerdauer die Tannine aus dem Holz harmonisch in das Aromengefüge des Weines eingebettet. Doch nur sehr wenige Weine haben diese Voraussetzung, solch lange Reifezeit im Barrique mit Gewinn zu überstehen. Der Einsatz dieser Fässer zum Vorteil der Weine ist eine hohe Kunst und wird in vielen Regionen der Welt noch immer allzu unprofessionell und stümperhaft betrieben. So mancher passable Tropfen wird in diesen Fässern bis zur Unkenntlichkeit verunstaltet.

Wussten Sie schon ...

- Die Trinkbarkeit junger, tanninbetonter Weine kann sich deutlich verbessern, wenn man sie für einige Stunden in einem Dekanter dem Sauerstoff aussetzt. Die Reife der Tannine wird in dieser Zeit vorangebracht, und der Wein verliert seine raue, verschlossene Art.
- Tanninbetonte Rotweine machen als Begleiter der meisten Käsesorten eine schlechte Figur. In Kombination mit festem Fleisch oder Grilladen schwingen sie sich dagegen zu wahren Höchstleistungen auf.
- Französische Rotweine sind mehrheitlich tanninbetont.

14 Textur – die Berührung an Zunge und Gaumen

Unter der Textur eines Weines versteht man seine Oberflächenbeschaffenheit und die Art, wie er uns an Zunge und Gaumen berührt. Dieser Eindruck resultiert aus dem Zusammenspiel der wichtigsten Weininhaltsstoffe: Restzucker, Säure, Alkohol und Tannin.

Angenehme Berührungen lösen Freude und Vergnügen aus, wie sie durch die zärtliche Berührung eines Freundes, das Betasten feiner Seide oder durch das Beißen in einen saftigen Apfel hervorgerufen werden.

Auch bei der Begegnung mit Wein reagiert man sehr sensibel auf diesen Eindruck. Insbesondere bei Rotweinen geht ein Großteil der Wertschätzung, die Sie ihnen entgegenbringen, auf das Mundgefühl zurück, das sie hervorrufen. So wie Sie ein Stück Stoff in die Hand nehmen, an Ihren Fingern entlanggleiten lassen, um zu sagen, wie Ihnen das Material gefällt, so tun Sie es auch mit Wein: Sie befühlen und ertasten seine Textur und Beschaffenheit und formulieren Ihre sinnlichen Eindrücke so, als hätten Sie gerade ein Stück Stoff in der Hand.

Man charakterisiert einen Wein als rau, der entweder zu stark von Säure oder von zu harten Tanninen dominiert wird. Das sind dann in jedem Fall eindeutige Zeichen (jugendlicher) Disharmonie oder (altersbedingter) Auszehrung. Dagegen gelten Weine, denen es an Säure oder Tannin mangelt, als flach, schlaff oder leblos (siehe dazu auch die vorherigen Kapitel 11 und 13 zu Säure und Tannin).

Neben diesen Negativbeschreibungen gibt es eine Vielzahl positiver Begriffe für die Textur eines Weines. Ihre Verwendung ist weniger eindeutig als im Falle der Beschreibungen von Süße und Säure. Mit gesundem Selbstbewusstsein und einer Portion Intuition sollte Ihnen die Wahl jedoch nicht allzu schwer fallen. In vielen Fällen liegt es an rein subjektiven Vorlieben, ob Sie die Textur eines kalifornischen Chardonnay, der im Barriquefass vergoren wurde, als cremig, geschmeidig oder weich bezeichnen. Die Textur eines Bordeaux der Spitzenklasse ist nicht selten sowohl samtig als auch feinkörnig, fest und muskulös. Rote Burgunder in Bestform präsentieren sich seidig, glatt, geschmeidig und saftig, während ein Rheingauer Riesling meist saftig, rassig und kompakt daherkommt. Ein Südtiroler St. Magdalener ist ein ungemein zarter, seidiger und saftiger Wein, ganz anders als der feste, körnige, kompakte und manchmal sogar harte Barolo aus der Nebbiolo-Traube. Meist sind die Weine der Alten Welt weniger weich, opulent und muskulös als die Vertreter aus der Neuen Welt. Ausnahmen bestätigen die Regel.

Tipp: Beschreibung der Textur

- grobkörnig, körnig, feinkörnig, cremig, saftig, geschmeidig, samtig, satinartig, seidig, glatt
- fest, dicht, kompakt, weich, zart
- fett, fleischig, muskulös, ölig, geschmeidig, rund, rassig

15 Neuholzeinfluss – Gütesiegel oder kurzfristige Mode?

Unter allen kellertechnischen Vorgängen ist der Ausbau im neuen Eichenholz wohl der geschmacklich einflussreichste. Neues Holz kommt meistens in Form von kleinen, Barrique genannten Fässern zum Einsatz. Sie bestehen aus Eichenholz und verfügen über ein Volumen von etwa 225 Litern, maximal 350 Litern. Im Unterschied zum traditionellen Holzfass sind sie nicht geschmacksneutral. Die Fässer werden von innen geröstet. Dieser Vorgang führt zu einer Art Karamellisierung der stärkehaltigen Holzbestandteile (Zellulose). Andere organische Substanzen im Holz wandeln unter der Hitzeeinwirkung ihre chemische Struktur. Es entstehen Aldehyde, die dann das spätere Aromabild der Weine beeinflussen.

Die markantesten Merkmale dieser Fässer sind erstens ihre geringe Größe und zweitens die Tatsache, dass sie selten länger als zwei bis drei Jahre im Einsatz sind, gelegentlich sogar schon nach einmaligem Gebrauch ausrangiert werden. Ein Wein, der zum Lagern in solche Fässer gegeben wird, muss sich auf zum Teil schwerwiegende Veränderungsprozesse einstellen. Große und häufig wiederverwendete Fässer sind dagegen für einen Wein eine vergleichsweise neutrale Umgebung.

Der wichtigste Effekt der Holzlagerung ist, dass der Wein in ihm atmen kann. Vor allem Rotweine, die mit einem gewissen Entwicklungsbedarf auf die Welt gekommen sind (zum Beispiel die Top-Bordeaux-Weine), gibt man in Fässer, damit sie dort in aller Ruhe reifen, sich entwickeln und harmonisieren können. Das Tempo des Reifungsprozesses ist umso stärker, je kleiner das Fass, je geringer die Daubenstärke und je grobporiger das Holz ist. Dann ist nämlich die Feinoxidation des Weines am intensivsten. Die Sauerstoffzufuhr beschleunigt die Polymerisation der Phenole (siehe dazu das Kapitel 13, *Tannin – Formgeber für Rotweine*) und der Wein wird allmählich weicher, harmonischer und komplexer. Doch nicht alle Weine vertragen den Sauerstoff gleichermaßen gut. Gerät der Oxidationseinfluss zu intensiv, verblasst ein Wein schnell und wirkt dann müde und fade.

Sorgfältig ausgewähltes Holz sowie dessen richtige Lagerung und Verarbeitung sind entscheidende Voraussetzungen, soll das Fass eine wohltuende Wirkung auf den Wein haben. Unterschiedliche Einflüsse ergeben sich auch durch die Herkunft der verwendeten Hölzer. Die grobporige amerikanische Weißeiche zum Beispiel verleiht dem Wein normalerweise einen vollmundigeren, würzigeren Geschmack, der an Kokosnuss und süße Vanille erinnert, während die härtere französische Steineiche einen feineren, eleganteren und weniger vordergründigen Einfluss nimmt.

Die Wirkung des Eigenaromas der Fässer auf Duft und Geschmack des Weines ist jedoch vergleichsweise gering. Der weit größere Einfluss geht vom „Toastungsgrad“ der Fässer aus, der durch kontrollierte offene Feuer im Fassinneren entsteht. Die Fässer nehmen dadurch je nach Intensität der Maßnahme mehr oder weniger stark ausgeprägte Röstaromen an. Im Wein finden sich dann später Noten von Röstbrot, Kaffee, Schokolade, gerösteten Haselnüssen oder Karamell.

Für die Textur eines Weines hat der Fassausbau meist einen kräftigenden, strukturierenden Effekt: die Geschmacksstoffe werden schärfer konturiert, die Textur wird fester und damit entwicklungsfähiger. Ob dadurch auch die Tannine milder und weicher oder im Gegenteil trocken und hart werden, ist abhängig von der Qualität der Traubentannine sowie dem Vorrat an Proteinen. Da aber in den meisten Rotweinen keine Proteine mehr zur Verfügung stehen, um die Holztannine in ihrer austrocknenden Wirkung zu neutralisieren – sie haben sich nämlich schon im Kampf mit den weineigenen Gerbstoffen verausgabt –, besteht die Gefahr, dass die Holztannine die Traubentannine überlagern und den Wein im Geschmack ungemein trocken und kreidig machen und seine Adstringenz verstärken (siehe dazu auch das Kapitel 13, *Tannin – Formgeber für Rotweine*).

Leider ist der Barriqueausbau in weiten Teilen der Welt zu einer Mode verkommen. Toast- und Vanillearomen sind in und für viele zu einem triftigen Kaufargument mit eigenständigem Gütesiegel geworden. Man fragt sich, wie es kommen konnte, dass so viele Menschen diesem Marketinggag dauerhaft aufsitzen können. Vielleicht rührt es daher, dass einige der berühmtesten französischen Weine, nämlich die aus Bordeaux und Burgund, vom Einfluss neuer Eichenfässer geprägt sind. Wenn nun in einem anderen Wein ähnliche Aromen und Geschmacksnoten aufgespürt werden, mag das den voreiligen Schluss nahe legen, man habe es mit einem Wein von vergleichbarer Güte zu tun. Immer verbreiteter wird leider auch die Praxis, die Effekte des Barriqueausbaus anhand von Eichenchips zu imitieren. Die geschmacklichen Unterschiede beider Verfahren sind für den Laien nicht zu erkennen. Es braucht etwas Erfahrung, um hinter der äußeren Fassade die wahre Qualität eines Weines zu erkennen.

Wussten Sie schon ...

- Die roten Rebsorten Cabernet Sauvignon, Merlot und Syrah sowie die weiße Sorte Chardonnay besitzen eine besondere Affinität zum Eichenholz.

- Wenn das Barriquefass bei der Weißweinproduktion zum Einsatz kommt, findet bereits die Gärung darin statt, und nicht erst wie im Falle der Rotweine der Ausbau.

16 Temperament – der ganze Charakter eines Weins

Vielleicht wird bei dieser Überschrift der eine oder andere Leser fragen, ob hier tatsächlich noch vom Wein die Rede ist. Doch je vertrauter Sie mit den Weinen dieser Welt werden, desto offenkundiger werden Sie auch erleben, wie unterschiedlich sie im Einzelnen wirken. Zugegebenermaßen hat die Wirkung eines Weines mindestens so viel mit Ihnen selbst wie mit dem Wein zu tun. Aber es spricht vieles für die Beobachtung, dass insbesondere die edleren Vertreter eine ganz individuelle, leicht wieder erkennbare Ausstrahlung besitzen.

Begreifen Sie die nachfolgenden Ausführungen als Ermutigung, bei der Weinverkostung nicht immer und ausschließlich Aromen aufzuzählen und die Tanninqualität zu bewerten, sondern nehmen Sie sich die Freiheit, den Blick aufs Ganze zu richten. Analytisches Verkosten ist unbestritten ein ungemein wertvoller und ergiebiger Weg, den Nuancenreichtum eines Weines zu entdecken. Doch nur der Blick aufs Ganze macht den Weg frei für Emotionen, für Betroffenheit, Begeisterung oder Sehnsucht. Diesen ganzheitlichen Aspekt habe ich im Folgenden versucht, durch verschiedene Temperamente wiederzugeben.

Die Extrovertierten

Die Extrovertierten haben es heutzutage nicht leicht, obwohl sie sich mehr als alle anderen anstrengen, uns zu gefallen. Sie stellen ihre flamboyante Persönlichkeit offen und selbstbewusst zur Schau. Sie werfen sich in Schale, hier noch ein bisschen Puder, dort noch ein wenig Rouge. Und dann das Parfum! Es ist so verführerisch, leidenschaftlich und unwiderstehlich, dass bereits der bloße Gedanke an eine Begegnung zur Sünde wird. Aus dem Glas steigt der Duft von tropischen Früchten, orientalischem Gewürzbasar und einem Hauch Rose und Veilchen. Am Gaumen werden Sie von weichen, satten Rundungen berührt. Doch anstatt sich dieser schieren Sinnlichkeit hinzugeben, meiden Sie sie mit fadenscheinigen Begründungen. Sie nennen sie aufgeblasen, übertrieben, laut und selbstverliebt. In der Tat, alltäglich oder gewöhnlich sind diese Weine nicht. Schaffen Sie deshalb ungewöhnliche Anlässe und genießen Sie den zauberhaften Pomp der Extrovertierten.

Vertreter: Gewürztraminer, Muskateller, Bracchetto, Scheurebe, Sauvignon blanc aus Neuseeland, Cabernet Sauvignon aus der Neuen Welt, Albarinho, Shiraz

Die Vergnügten

Viel Trinkfreude bescheren Ihnen die Vergnügten unter den Weinen. Sie kommen unbeschwert, fröhlich und ungemein „trinkig" daher und verbreiten auf ganzer Linie heitere Gelassenheit. Sie sind weder mächtig noch allzu schlank, weder sehr tanninreich noch besonders süß. Sie sind im besten Sinne des Wortes gefällig, können die unterschiedlichsten Gelegenheiten begleiten und sollten sich eigentlich großer Beliebtheit erfreuen. Doch leider werden diese Weine oft unterschätzt, und auch nicht jeder Winzer nimmt sie so ernst, dass er ihnen in Weinberg und Keller die erforderliche Aufmerksamkeit zuteil werden lässt. Selbst überaus gelungene Vertreter werden von vermeintlichen Weinkennern links liegen gelassen und nicht selten als charakterlos, primitiv oder alltäglich denunziert. Ignorieren Sie das Urteil dieser Snobs, und genießen Sie die unbekümmerte Leichtigkeit dieser wunderbar trinkigen Alltagsweine. Und an die Adresse der Produzenten gerichtet: Gebt diesen Weinen die gleiche Aufmerksamkeit, die Ihr Euren wertvollsten Weinen zukommen lasst – die Konsumenten werden es Euch danken!

Vertreter: Vernatsch/Trollinger, Gamay, Zweigelt, Merlot, Grenache, Primitivo, Weißburgunder, Müller-Thurgau, Gutedel, Arneis

Die Sinnlichen

Mal sensibel, melancholisch und sehnsuchtsvoll wie halb vergessene Erinnerungen an die Sommer unserer Kindheit, mal bezaubernd, optimistisch und enthusiastisch, mal üppig, lasziv und verführerisch – die Sinnlichen begegnen Ihnen in ganz verschiedenen Gewändern. Es sind Weine für genusssüchtige Nonkonformisten, die die Freuden des Lebens genießen, wann immer sich ihnen die Chance dazu bietet. Wer einen schwindelig machenden Wein mit verlockend seidig-zarter Textur und betörender Aromatik liebt, wird den Sinnlichen ein Leben lang verfallen. Doch so groß das Vergnügen auch gelegentlich ist, das diese Weine Ihnen bescheren, so groß ist die Enttäuschung, wenn sie die hohen Erwartungen mal wieder nicht erfüllen. Ihnen eigen ist leider etwas Unstetes und Unberechenbares, ganz wie dem Sinnlichen selbst. Soll jedoch wirklich Großes entstehen, braucht es leidenschaftliche, mitunter besessene Weinmacher, die keine Risiken, keine Mühen scheuen und sich dem Projekt des Sinnlichen mit Haut und Haaren verschreiben.

Vertreter: Pinot Noir, Zinfandel, Tempranillo, Viognier, Pinot Gris, Semillon

Die Rassigen

Das sind die Rennpferde unter den Weinen dieser Welt. Sie strahlen größtmögliche Vitalität und Explosivität aus. Sie sind muskulös, kommen aber ohne jedes Gramm Fett aus. Wenn sie Ihnen begegnen, wirken sie bis in die letzten Poren gespannt, nicht selten ein wenig aggressiv, rücksichtslos und geradlinig. Dann stürmen sie davon und hinterlassen wunderbar kristallklare, reine Aromen, einen Hauch Mineralität und die blitzende Klarheit frischen Quellwassers. Begegnungen mit ihnen lassen niemanden unberührt, und so manchen nehmen sie mit auf eine lange Reise. Entweder man mag sie oder man mag sie nicht.

Vertreter: Riesling, Grüner Veltliner, Sauvignon blanc, Barbera, Blaufränkisch/Lemberger, Cabernet Franc

Die Vielseitigen

Das sind enorm anpassungsfähige Weltenbummler, wahre Kosmopoliten. Sie sind Multitalente, sprechen die unterschiedlichsten Sprachen und spielen auf jeder Klaviatur. Sie kommen mal fein und aristokratisch daher, mal hemdsärmelig und ungepflegt. Mal geben sie ihre Herkunft preis, mal sind sie ganz ein kellertechnisches Kunstprodukt. Wenn alles stimmt, zählen sie zu den anspruchvollsten Weinen überhaupt.

Vertreter: Cabernet Sauvignon, Shiraz, Merlot, Chardonnay

Die Zurückhaltenden

Wie angenehm sie Ihnen im Einzelnen auch erscheinen mögen, es sind vergleichsweise unscheinbare Weine, die auf leisen Sohlen daher kommen, manchmal introvertiert und selbstverloren, manchmal schüchtern und zurückhaltend. Vor allem aromatisch präsentieren sie sich völlig unauffällig und lassen anderen den Vortritt. Auch als Begleiter von Speisen und Gerichten nehmen sie eine dienende, unterwürfige Haltung ein. Sie buhlen nicht um Aufmerksamkeit und scheuen das Rampenlicht. Zu viel Öffentlichkeit widerspricht ihrer Natur. Aber bevor Sie sich versehen, ist die Flasche leer!

Vertreter: Trebbiano, Melon de Bourgogne, Chasselas, Tempranillo, Sémillon, Silvaner, Weißburgunder, Cortese

Die Strengen

Das sind keine Weine für Einsteiger, Ungeübte und all jene, denen unmittelbarer, leicht verständlicher Genuss eine Herzenssache ist. Es sind Weine für Menschen, denen es eine Bereicherung bedeutet, wenn der Genuss nicht leicht fällt, sondern ihm die Mühen intensiver Begegnungsarbeit vorausgehen. Die Aromatik dieser Weine ist von Extremen geprägt (Rose und Teer, Lakritz und Leder, kräuterwürzig und animalisch). Am Gaumen sind sie fordernd, unverwechselbar und höchst individuell. Es sind intellektuelle Weine mit Tiefe und Komplexität, die sich langsam in der Flasche entwickeln und sehr alt werden können. Mehr als andere erfordern diese stolzen und zugleich geheimnisvollen Weine die Aufmerksamkeit und Geduld des Liebhabers. Sie taugen nicht für die flüchtige Begegnung und offenbaren nur dem ihre Größe und Schönheit, der aktiv um sie wirbt. Wer sie aber einmal in sein Herz geschlossen hat, bleibt auf ewig ihrer Faszination erlegen.

Vertreter: Nebbiolo, Sangiovese, Malbec, Tannat, Syrah, Mourvèdre, Malbec, Sagrantino, Tauriga nacional

Die Skurrilen

Diese eigenwilligen Weine passen in kein Raster, und kaum jemand liebt sie. Sie sind die Aschenputtel der Weinwelt. Begegnungen mit ihnen wirken befremdlich, irritierend und ungemein gewöhnungsbedürftig. Doch wo immer sie auftauchen, wird lebhaft über diese Außenseiter diskutiert. Ihre Identität und ihr Charakter scheinen geprägt von inneren Widersprüchen. Doch genau das ist ihre eigentliche Stärke: Sie wirken zugleich süß und sauer, sind einerseits angenehm fruchtig, erinnern jedoch zugleich an Mäusekot und nasses Hundefell, an Azeton und Kerzenwachs, reife Brombeeren und Sojasauce. Die Besten werden zusammengehalten von einer bemerkenswerten inneren Spannung der Extreme, so als duellierten sich feminine und maskuline Temperamente in ein und demselben Wein.

Vertreter: Chenin blanc, Pinotage, Freisa, Baga

Tipp: Beschreibung des Temperaments

Positiv: extrovertiert, vergnügt, sinnlich, rassig, vielseitig, streng, skurril, zurückhaltend

Negativ: aufdringlich, indifferent, müde, morbid

Wein bewerten – Geschmack versus Qualität

Bislang ging es in erster Linie um die grundlegenden stilistischen Eigenschaften eines Weines. Nun ist es an der Zeit, sich dem Zusammenspiel und den Wirkungen all dieser Inhaltsstoffe unter Qualitätsaspekten zuzuwenden. Denn selbst bei sehr ähnlichen stilistischen Werten können sich die betreffenden Weine in ihrer Qualität enorm unterscheiden. Es reicht nicht aus zu wissen, ob es sich um einen leichten oder schweren, einen säure- oder tanninbetonten, einen extrovertierten oder skurrilen Wein handelt, um vorherzusagen von welcher Güte er ist. Deshalb sind auch Laboranalysen nur sehr bedingt in der Lage, verlässliche Qualitätsaussagen zu treffen.

Emile Peynaud, ein bekannter französischer Önologe und Weinautor, hat einmal gesagt: „Qualität ist wohl das wichtigste Entscheidungskriterium beim Weinkauf." Sicherlich, niemand möchte sich für einen schlechten, sondern jeder für einen guten Wein entscheiden, besser noch für einen mit einem attraktiven Preis-Genuss-Verhältnis. Aber ist es wirklich die Qualität, die Sie in erster Linie interessiert? Könnte man nicht auch ebenso das Gegenteil behaupten, dass vor allem der persönliche Geschmack maßgeblich ist? Sind es nicht gerade die stilistischen Merkmale, die Sie bei dem einen Wein ansprechen, bei dem anderen erschrecken?

In der Tat ist es völlig richtig, dass einfache Weine große Freude bescheren können, während vermeintlich hochwertige Tropfen ungenießbar erscheinen. Ein Wein gibt Ihnen immer nur so viel, wie Sie in der Lage sind aus ihm herauszuholen. Weingenuss ist ein Erlebnis, das umso intensiver und reicher ausfällt, je besser es Ihnen gelingt, einen Wein mit all seinen Besonderheiten und in all seinen Dimensionen zu erobern und zu begreifen. Nur dann wird aus einem zunächst äußerlichen Gegenstand eine ganz persönliche Begegnung. Sicherlich haben die sehr guten Weine mehr zu bieten als die ganz Einfachen – aber eben nur demjenigen, der sich um sie bemüht, der ihnen ihre wahre Größe wirklich entlockt und sie in einer persönlichen Begegnung erfährt.

In diesem Kapitel geht es weder um die gesetzlichen Definitionen von Weinqualität und Qualitätswein noch um die rein subjektive Perspektive, die dazu neigt, Qualität auf eine Frage des Geschmacks zu reduzieren. Vielmehr geht es hier um den Versuch, das recht komplexe

Phänomen der Weinqualität in seinen unterschiedlichen Dimensionen zu erfassen und nachvollziehbare Kriterien zur praktischen Qualitätsprüfung anzubieten. Doch ähnlich wie in der Musik und der Malerei orientieren sich auch die Versuche, Weinqualität zu definieren, niemals allein an objektiven Kriterien. Neben einer Reihe konkreter, nachvollziehbarer und sogar weitgehend nachprüfbarer Dimensionen kommt der Begriff der Weinqualität nicht ohne abstrakte Konzepte und ästhetische Kategorien aus. Gerade darin liegt der besondere Reiz dieses nicht ganz alltäglichen Produktes.

Im Ergebnis verfügen Sie über ein geeignetes Instrumentarium, mit dem es Ihnen nicht nur gelingen sollte, jeden beliebigen Wein in einer Gütehierarchie von „einfach“ bis „exzellent“ zu positionieren, eine eigene Beurteilung zu formulieren und diese auch fundiert zu begründen, sondern Sie werden darüber hinaus auch in der Lage sein, Weinbewertungen von Experten angemessen zu interpretieren.

17 Wie Sie Weinfehler erkennen

Selbst wenn ein Wein nicht allzu viel Gutes für Sie bereithält – fehlerfrei sollte er schon sein, damit er Ihre Aufmerksamkeit und Zuwendung verdient. Fehlerlosigkeit beschreibt die Mindestanforderung an einen trinkbaren Wein, wie gut auch immer er sein mag. Das ist selbstverständlich kein hinreichendes Kriterium für irgendwelche Güte, sondern notwendige Voraussetzung, um Qualitätsansprüche überhaupt formulieren zu können. Sicherlich haben kellertechnische Entwicklungen und zunehmendes önologisches Know-how dazu beigetragen, Unsauberkeiten und Fehler im Prozess der Vinifizierung weitgehend zu eliminieren. Dennoch sind Weinfehler keine Seltenheit.

Aber was sind echte Weinfehler und welche sind nur eingebildet? Mit welcher Begründung darf ein Wein im Restaurant zurückgegeben werden? Um als Konsument in diesen Fragen größere Sicherheit zu erlangen, brauchen Sie ein grundlegendes Verständnis davon, wie ein optisch, aromatisch und geschmacklich fehlerfreier Wein beschaffen sein muss. Und Sie sollten die wichtigsten Weinfehler und ihre Erscheinungsformen kennen und sie nicht bloß mit Ungewohntem verwechseln, das Sie nur deshalb als fremdartig empfinden und intuitiv ablehnen, weil Sie es nicht kennen.

Unter Weinfehlern versteht man abartige Veränderungen in Farbe, Geruch oder Geschmack eines Weines oder seines Ausgangsproduktes

(Most oder Maische). Die meisten Weinfehler werden durch chemische und physikalische Vorgänge oder durch Kontamination verursacht, sind aber nicht immer genau von mikrobiologischen Veränderungen (Weinkrankheiten) zu trennen.

Von *Farbfehlern* spricht man, wenn Weine nicht glanzhell sind, sondern Trübungen jedweder Art aufweisen. Extreme Fälle sind das Braunwerden durch Oxidation und das Blauwerden infolge eines zu intensiven Einsatzes von chemischen Schönungsmitteln (Überschönung). Fehlende Klarheit ist ein Warnzeichen und ein Hinweis, dass sich der Wein wahrscheinlich in keinem guten Zustand befindet. Es gibt jedoch – gerade im mittel- und hochpreisigen Spektrum – auch ungefilterte Abfüllungen, die nicht gänzlich frei von Schwebeteilchen sind. Das nehmen die Produzenten dann bewusst, nämlich zugunsten einer höheren Qualität, in Kauf: Das Filtern und Schönen macht einen Wein zwar blank und klar, es entzieht ihm aber auch wertvolle Aroma- und Geschmacksstoffe.

Geruchs- und *Geschmacksfehler* treten in der Regel zusammen auf. Der berühmteste und sicher auch der bei weitem häufigste aller Fehler ist der so genannte *Korkschmecker*. Er entsteht durch kranke Flaschenkorken – und nicht etwa dadurch, dass beim Entkorken Teile des Korkens in den Wein gelangen. Die zum Sterilisieren der Korken verwendete Chlorlösung kann eine Substanz namens Trichloranisol (TCA) entstehen lassen, wenn sie mit Schimmelpilzen in Kontakt kommt. Weine, die nach modrigem, muffigem Kork riechen oder schmecken, sind eindeutig fehlerhaft. Da der Korkgeruch und -geschmack nicht verschwindet, sondern bleibt und sich bei Sauerstoffkontakt eher noch verstärkt, ist ein korkkranker Wein nicht zum Genuss geeignet.

Nicht immer fällt es allerdings leicht, Korkschmecker zu identifizieren. Ist die Konzentration des Fehltons hoch, merken Sie es leicht und oft bereits beim Entkorken der Flasche. Nicht selten jedoch ist der muffige, schimmelähnliche Modergeruch so gering, dass Sie einige Erfahrung und eine empfindliche Nase benötigen, um ihn sicher diagnostizieren zu können.

Mufftöne im Wein kommen von pilzbefallenem Lesegut oder durch den Kontakt mit schimmelbefallenen Geräten, Schläuchen, Materialien und Behältern zustande. Dieser Geruch ist nicht immer leicht vom Korkgeruch zu unterscheiden.

Als *untypische Alterungsnote* (UTA) wird ein Fehlaroma bezeichnet, das in den letzten Jahren nach längerer Lagerung von Weißweinen in Flaschen, aber auch schon in Jungweinen beobachtet wurde. Manche Verkoster sprechen von „Akazienton“, „Stallton“, Geruch nach „alten Schränken“, „nassen Handtüchern“ oder „schmutziger Junggesellenwäsche“ – ein Musterbeispiel dafür, wie schwierig die Beschreibung eines sensorischen Eindrucks sein kann. So weit man heute weiß, liegen die Ursachen für dieses Phänomen im Weinberg (Trockenstress durch Regenmangel, Stickstoffmangel).

Manche Weinfehler sind aber auch bloß eingebildete Weinfehler. Manch ein Wein wird gering geschätzt oder sogar als fehlerhaft beurteilt, nur weil sein Genuss ungewohnt ist und nicht in den Erfahrungs- und Erwartungshorizont derjenigen passt, die ihn zum erstenmal verkosten. Wer noch nie das Bouquet eines gereiften Rieslings geschnuppert hat, wird bei seiner ersten Begegnung vielleicht zurückhaltend oder abweisend reagieren. Erst allmählich, und in vielen Fällen erst durch gemeinsame Verkostungserlebnisse mit erfahrenen Experten, können solche Barrieren abgebaut werden.

Wussten Sie schon ...

- Wer sich nicht sicher ist, ob der Wein Korkschmecker enthält, sollte ein paar Tropfen Wasser zum Wein geben: Die Verdünnung führt zur Intensivierung des Korkgeschmacks.
- Es gibt noch eine weitere verblüffende Methode, um Korkschmecker zu erkennen: Sie können den kontaminierten Wein mit einer Plastiktüte in Kontakt bringen, etwa indem sie einen Teil der Tüte ins Glas stecken. Wenn dann die fettige Oberflächenbeschichtung der Tüte den Korkgeschmack – auf mysteriöse Weise – absorbiert, wissen wir, dass er korkkrank ist.
- Keine Weinfehler sind: geringe Mengen an Kohlensäure bei jungen Weißweinen, Weinsteinausscheidung (kommt überwiegend bei säurebetonten Weißweinen vor) und Depotbildung (Bodensatz aus Tanninen und Farbpigmenten, siehe auch Kapitel 7, *Das äußere Erscheinungsbild*) bei älteren Rotweinen.

18 Komplexe oder reintönige Aromatik – wer hat die Nase vorn?

Komplexität und *Reintönigkeit* konkurrieren mit gänzlich unterschiedlichen Stärken um unsere Wertschätzung. Unter Kennern haben Weine mit einem vielschichtigen, komplexen Duftbild in der Regel die Nase vorn. Diese nicht ganz alltäglichen Geschöpfe präsentieren sich als Komposition unendlich vieler, stets aktiver Komponenten, die in permanenter Interaktion ein sich ständig wechselndes Duftbild ergeben. Dabei erweist sich dieses Aromenspiel bei aller Komplexität und Reichhaltigkeit niemals massiv oder undifferenziert, sondern stets fein und subtil. Im Normalfall stellt sich diese Art von aromatischer Komplexität erst nach Jahren der Reifung und Alterung ein, und dann auch nur im Falle der aller besten Weine auf der Basis einiger weniger Rebsorten und Terroirs.

Ist die Nase beziehungsweise das Duftbild eines Weines komplex, spricht man von einem intellektuellen Wein, dessen Tiefgründigkeit geheimnisvoll, zurückhaltend und deshalb ungemein fordernd daherkommt. So ein Wein setzt beim Konsumenten aktive Begegnungsarbeit voraus, wenn die Vielschichtigkeit und der Nuancenreichtum nicht unentdeckt vorüberziehen sollen. Das Gegenstück eines komplexen Weins am unteren Ende der Qualitätsskala ist ein farbloser, banaler und eindimensionaler Wein. Mithilfe der folgenden Liste können Sie den *aromatischen Komplexitätsgrad* eines Weines identifizieren und begrifflich abstufen:

1. *unscheinbar*: schwach, matt, farblos und banal
2. *einfach, ohne Komplexität*: ohne viel Charakter, aber nicht abweisend oder ungefällig
3. *geradlinig, geringe Komplexität*: mit etwas Charakter, aber insgesamt eher schlicht und ohne besonderen Reiz
4. *zurückhaltend, mittlere Komplexität*: zeigt Charakter, mit Potenzial und gewissen Komplexitätsmerkmalen, alles könnte jedoch ausgeprägter sein
5. *feinduftig, spürbar komplex*: mit delikatem Charakter und attraktiven Variationen, wundervolle Nase
6. *hochgradig komplex*: sensationeller Auftritt, kaum zu beschreiben, mit wechselnder Performance und vielen Überraschungen, nuancenreich und von einzigartigem Charakter

Doch ebenso wenig wie große Musik immer von einem ganzen Orchester gespielt sein muss, präsentiert sich ein großes Duftbild keineswegs ausschließlich komplex und vielstimmig. Größe kann sich auch in hoher Reintönigkeit und Tiefe der Aromatik manifestieren, so wie große Musik auch dem reintönigen Klang eines einzigen Instrumentes – in dezenter Begleitung des Orchesters – entspringen kann. Auch hier gilt wiederum, dass nur die edelsten Rebsorten und Terroirs zu einem solch reinen Ausdruck imstande sind, und auch nur dann, wenn Leidenschaft, Können und Kreativität des Menschen sich hinzugesellen.

Ist die Nase von tiefer, reintöniger Natur, so haben Sie es mit einem sinnlichen, puristischen Wein zu tun, der sich auf das Wesentliche beschränkt, dieses Wesentliche jedoch gleichzeitig in höchster Reinheit, Zartheit und Vollendung präsentiert. Solche Weine sind meistens sehr entgegenkommend und charmant, temperamentvoll und gelegentlich extrovertiert. Das Gegenstück eines reintönigen Weins am unteren Ende der Qualitätsskala ist entweder ein künstlich oder ein abweisend und derb-rustikal duftender Wein. Mit folgenden Adjektiven können Sie den *Reintönigkeitsgrad* eines Weines identifizieren und begrifflich abstufen:

1. *abweisend intensiv*: künstlich, chemisch, grell, derb-rustikal
2. *überladen*: fast übertrieben intensiv, einseitig und ohne Feinheit und Eleganz
3. *energisch*: bestimmt, fest, immer noch mächtig und ohne bemerkenswerten Charakter
4. *überschwänglich*: mit Charakter, bestimmt, kraftvoll, attraktiv, aber eher eindimensional
5. *duftig*: aromatisch, mit wohl definiertem Charakter, nicht überladen, mit subtilen und eleganten Noten
6. *reintönig*: zwar dominiert von einem einzigen, wundervollen Duft (Aroma), nicht jedoch überladen, im Hintergrund begleitet von zarteren Noten

Wenn Sie nun die beiden aromatischen Grundtypen miteinander vergleichen, so erkennen Sie die größten Unterschiede am unteren Ende der jeweiligen Qualitätsskala: hier abweisend intensiv und grell, dort unscheinbar und matt. Auf den nächsten Stufen werden die Differenzen allmählich geringer, bis sich die Profile auf der fünften Stufe fast annähern: Die nach Reintönigkeit strebende Nase präsentiert sich hier duftig und vergleichsweise fein, moderat und zurückhaltend, ohne ihr Optimum an Reintönigkeit bereits erreicht zu haben; die nach Komplexität strebende Nase zeigt sich auf dieser Stufe sehr charmant, feinduftig und bereits mit deutlichen Anzeichen von Komplexität, ebenfalls ohne schon ganz am Ziel zu sein. Auf der dann folgenden kurzen Etappe zur idealen Selbstverwirklichung trennen sich die Wege wieder, aber am oberen Ende der Qualitätsskala bleibt eine größere Nähe als an ihrem unteren Ende.

19 Das harmonische Zusammenspiel von Duft- und Geschmacksstoffen

Weinqualität spielt bei dem mehr oder weniger gelungenen, harmonischen Zusammenspiel der verschiedenen Weininhaltsstoffe eine wichtige Rolle. Während das quantitative Zusammenspiel dieser Inhaltsstoffe vor allem Aussagen über die Stilistik eines Weines zulässt, lassen sich Güteaussagen allein auf der Basis der Qualität dieses Zusammenspiels machen.

Je harmonischer das Zusammenspiel der Elemente ist, desto besser können die eigentlich schönen und großen Seiten eines Weines zur Geltung kommen. Sie können dann Ihre Aufmerksamkeit ganz auf diese konzentrieren und werden nicht von Unstimmigkeiten welcher Art auch immer abgelenkt. Harmonie ist die Bühne, um Größe und Schönheit zur Schau zu stellen.

Um gleich möglichen Vorurteilen vorzubeugen: Harmonie meint nicht bloße Gefälligkeit, Konformität oder Mehrheitsfähigkeit, sondern das balancierte Zusammenspiel der Teile, ein dynamisches Gleichgewicht, ästhetisch geordnete Vielfalt, harmonische, sich wechselseitig bereichernde Koexistenz von Verschiedenem, ja teilweise Gegensätzlichem. Aber es gibt kein absolutes Maß, welches das richtige Verhältnis bestimmt. Jeder Wein realisiert seine eigene, ganz persönliche und einmalige Harmonie – seine individuelle Kompositionslogik.

Die innere Spannung der geschmacklichen Gesamtarchitektur eines Weines wird von zwei rivalisierenden Aspekten oder Dimensionen getragen: Einer femininen Seite, die im Wein für Milde, Geschmeidigkeit und Süße, aber auch für Opulenz und Schwere sorgt, steht eine maskuline Seite gegenüber, die Festigkeit, Rückgrat, Härte und Struktur, aber auch Frische, Lebendigkeit und Leichtfüßigkeit liefert. Beide Seiten halten sich wechselseitig in Schach, sie neutralisieren sich, betonen aber auch einander. Behalten zum Beispiel die süßen Komponenten die Oberhand, besteht die Gefahr, dass dem Wein die nötige Frische und Lebendigkeit fehlt und er schwer, überladen oder einfach nur süß wirkt. Wenn die maskulinen Komponenten übermäßig vertreten sind, dann präsentiert sich der Wein meist abweisend, karg, ruppig und säuerlich.

Die folgende Übersicht zeigt, welche Komponenten welcher Seite zugeordnet werden:

Seite A (feminin):	Seite B (maskulin):
Alkohol	Säure
Süße	Tannin
Frucht	Extrakt

Die Inhaltsstoffe einer Seite ergänzen beziehungsweise addieren sich und suchen die Balance mit den Inhaltsstoffen der anderen Seite. Säure und Tannin addieren sich in ihrer Wirkung und Kraft, um die Summe von Alkohol und Süße zu neutralisieren und zu balancieren. Umgekehrt treten Süße und Alkohol gemeinsam einer geschmacklichen Dominanz von Säure und Tannin entgegen. Verfügt ein Wein beispielsweise von Natur aus über recht viel Säure, so präsentiert er sich nur dann harmonisch, wenn die Inhaltsstoffe der anderen Seite zusammen in der Lage sind, die hohen Säurewerte auszugleichen oder ihnen zumindest ihre unangenehme Spitze zu nehmen.

Die süßen Substanzen sind die Basis der Milde und Geschmeidigkeit, der Weichheit und des „Fettes" eines Weins. Mit zunehmender Süße, vor allem jedoch mit zunehmendem Alkoholgehalt, wirkt ein Wein gewichtiger und korpulenter; sind diese Elemente unterrepräsentiert, wirkt er schnell mager, ausgezehrt oder hart. Zucker und Alkohol sind zudem die wichtigsten Träger sehr vieler Geruchs- und Geschmacksstoffe. Ohne sie würde ein Wein gänzlich uncharmant und langweilig erscheinen.

Die überwiegende Mehrzahl der weltweit produzierten Weine ist jedoch trocken, sie sind ohne oder mit nur geringem Restsüßeanteil abgefüllt worden. In diesen Weinen ist es neben der Frucht vor allem der Alkohol, der die Aufgaben der Süße im Wein übernehmen muss und der – ab einer bestimmten Menge – den Eindruck einer Süßeempfindung auslösen kann. Ist der Alkoholgehalt jedoch zu hoch, entsteht der Eindruck eines Brennens, die dadurch erzeugte Schärfe wirkt dem Effekt der Süße entgegen.

Im Süßwein können sich Alkohol und Süße die Aufgabe, die Säure zu balancieren, teilen. Bei gegebenem Alkoholgehalt verträgt ein Wein umso mehr Süße, je säurereicher er ist. Ein typisches Beispiel dafür sind die deutschen Auslesen, Beerenauslesen und Trockenbeerenauslesen (TBA). Letztere sind nicht nur die süßesten, sondern oftmals auch die säurereichsten Weine überhaupt. Fehlt zuckerreichen Weinen Säure, dann wirken sie meist überladen und breit und ihre Süße wird als unangenehm wahrgenommen. Die Säure stellt sozusagen das Rückgrat und die breiten Schultern zur Verfügung, um Süße und Alkohol zu tragen, die zusammen sehr viel Schwere verbreiten können. Nur auf der Basis einer kräftigen, lebhaften Säure kann sich auch ein sehr süßer Wein ein gewisses Maß an Festigkeit, Frische und Vitalität bewahren (siehe dazu auch das Kapitel 4, *Süßweine – der Kampf gegen das Negativimage*).

Bei Rotweinen spielt eine zusätzliche Dimension eine wichtige Rolle, die sich auf das Gleichgewicht der Geschmacksqualitäten auswirkt: das Tannin. Die süßen Geschmacksqualitäten müssen in diesem Fall die Summe der sauren, bitteren und adstringierenden Komponenten ausgleichen. Da aber die überwiegende Mehrheit der Rotweine trocken ausgebaut wird, kommt wiederum der balancierenden Wirkung des Alkohols eine Schlüsselrolle zu. Bei der Verkostung eines Rotweins mit zu geringem Alkoholgehalt treten Säuren und Tannine stark hervor, da zu wenig ausgleichende Süße und Alkohol vorhanden sind. Dann dominiert der Extraktgeschmack, und der Wein wird als zu rau, hart und adstringierend empfunden. Wenn dagegen Säure und Tannin zu gering sind, tritt die Wirkung des Alkohols in den Vordergrund, die den Wein als zu weich erscheinen lässt und ihm den Makel der Dickheit und Plumpheit einbringt.

Eine weitere wichtige Gleichgewichtsbeziehung besteht zwischen Alkohol und Extrakt, das heißt allen im Wein gelösten, nicht-flüchtigen Substanzen (siehe dazu auch das Kapitel 12, *Körper und Alkohol – von schlank bis füllig*). Extraktreiche Weine benötigen einen höheren Alkoholgehalt, um die Härte, die der Extrakt in den Wein bringt, zu balancieren. Und umgekehrt wirken extraktarme Weine schnell alkoholisch, wenn die Höhe des Alkohols eine bestimmte Grenze überschreitet.

Damit ein Wein als harmonisch betrachtet werden kann, muss aber auch zwischen den wichtigen Geschmacks- und Geruchskomponenten ein günstiges Verhältnis vorhanden sein. Zum besseren Verständnis hier einige Beispiele für ein fehlendes Gleichgewicht: Mangelnde Säure bei einem Weißwein nimmt dem Aroma die Frische; ein hoher Alkoholgehalt ohne Fruchtaroma lässt einen Wein süß, aber gleichzeitig langweilig erscheinen; ein zu hoher Tanningehalt bei einem Rotwein lässt die Frucht allzu sehr in den Hintergrund treten; ein sehr aromatischer Weißwein kann aufgrund seiner zu leichten Struktur schmächtig und unharmonisch wirken; auf der anderen Seite gibt es robuste Weine, die kaum einen Geruch besitzen. Ihre Armut an Aromaelementen kann von neutralen Rebsorten herrühren, von übermäßigem Ertrag der Rebe oder von zu großer Wärme während der Reifezeit der Trauben; dagegen vermählt sich der Duft großer Weine harmonisch mit dem Geschmack, entwickelt sogar zusätzliche Dimensionen am Gaumen und zieht Sie selbst dann noch in seinen Bann, wenn Sie den Wein längst hinuntergeschluckt haben.

Bei Rotweinen beobachtet man ein Gleichgewicht zwischen den primären Fruchtaromen, die von den Trauben kommen, sowie den sekundären Holz- und Tanninaromen. Das Primäraroma eines Rotweins ist umso ausgeprägter und angenehmer, je weniger körper- und tanninreich der Wein ist. Das Tannin schwächt die Frucht ab und wird aus diesem Grund von so manchem Weinliebhaber abgelehnt. Doch Frucht allein reicht auch nicht aus: Ihre Präsenz ist notwendig, aber nicht hinreichend. Es müssen weitere Komponenten hinzukommen, damit sich insgesamt ein möglichst komplexes Zusammenspiel aller Weininhaltsstoffe entwickelt. Ein Wein, der vor allem von seiner Frucht lebt, mag recht gefällig sein und sicherlich lässt er sich gut trinken, aber anspruchsvoll ist er deshalb noch lange nicht. Qualitativ interessanter sind sicherlich Weine, deren Frucht nicht übermäßig dominiert, sondern eingebettet ist in ein sehr sanftes, feinkörniges Tanningerüst (Trauben- und/oder Holztannin). Weine, deren Frucht zwar vorhanden ist, jedoch kaum wahrgenommen werden kann, da sie von einem massiven Tanningerüst (Trauben- und/oder Holztannin) maskiert, verdrängt und klein gehalten wird, sind dagegen problematisch. Wenn alles gut geht, kann es der Frucht mit der Zeit allerdings gelingen, sich aus der Umklammerung zu befreien.

Und schließlich schlägt sich das balancierte Zusammenspiel aller relevanten Weininhaltsstoffe in einer attraktiven Textur nieder, in einem abgerundeten Gaumenauftritt mit intensiven, aber zugleich überaus zärtlichen Berührungen. Glücklicherweise treffen Sie heutzutage dank moderner Kellertechnik immer seltener auf allzu harte, raue und sperrige Weine. Gelegentlich schießen Kellermeister jedoch über das Ziel hinaus und bringen Weine hervor, die so weich wie ein Softeis sind.

Tipp: Beschreibung der Harmonie

unharmonisch, mittelmäßig balanciert, gut balanciert, sehr gut balanciert, perfekt balanciert

Länge – ausgreifende Geschmacksentfaltung und anhaltendes Finish

20

Wenn man von einem Wein sagt, dass er „lang“ ist, so ist damit vor allem gemeint, dass man viel von ihm hat, dass also die Wirkungen, die er entfaltet, von großer Ausstrahlung sind. Das Urteil der Länge kann sich auf verschiedene sensorische Eindrücke beziehen: Einmal geht es um die geschmackliche Reichweite im Mundraum, also um die Intensität und das Zusammenspiel der Empfindungen, die die Geschmacks- und Duftstoffe zusammen mit den haptischen Stimulanten auslösen. Während ein „langer“ Wein in all seinen Facetten von der Zungenspitze bis in den Rachenraum präsent ist, löst ein „kurzer“ Wein räumlich nur sehr begrenzt Empfindungen aus, meist nur im Bereich der Zunge – bevor er sich eilig verabschiedet.

Bei der Messung dessen, was Länge ausmacht, spielt also auch eine zeitliche Dimension mit. Je länger die Zeitspanne ist, in der ein Wein Ihre Geschmacksknospen stimulieren und Ihre Aufmerksamkeit auf sich lenken kann, desto höher ist seine Qualität. Einfache Weine sind kurz und sagen schnell Adieu. Feine Weine dagegen entfalten eine für Ihre Sinne derart beeindruckende Wirkung, dass die ausgelösten Empfindungen auch dann noch anhalten, wenn Sie den Wein bereits hinuntergeschluckt haben. Begegnungen mit solchen Weinen sind reich und nahezu unerschöpflich.

Tipp: Beschreibung der Länge

geschmackliche Reichweite im Mundraum: kurz, mittel, ausgreifend

Nachhall (Länge): kurz, mittlere Länge, lang, sehr lang, außerordentlich anhaltend

Nachhall (Qualität): unangenehm, indifferent, angenehm, wunderschön, berauschend

Dieser Aspekt der Länge wird als „Nachhall“ oder „Finish“ bezeichnet. Er bezieht sich auf die Eindrücke des Geschmacks und des Aromas, die auch dann noch präsent sind, wenn der Wein bereits Ihren Mundraum verlassen hat. Die Frage ist dann: Wie lang und anhaltend ist dieser Nachhall? Dabei gilt: je länger, desto besser – vorausgesetzt natürlich, dass das, was nachhallt, positiv nachhallt! Der Geschmack eines „kurzen“ Weines verliert sich fast zeitgleich mit dem Hinunterschlucken, während große Weine schier unendlich nachwirken, Sie mit ihrem Wohlgeruch und Geschmack erfüllen und auf geheimnisvolle Art verzaubern.

Wussten Sie schon ...

- Von einem „langen“ Wein hat man mehr und es fällt leichter, der Versuchung zu widerstehen, ein Glas allzu schnell zu lehren.
- Weine mit guter „Länge“ sind meist hervorragende Begleiter kräftiger Speisen, weil sie nicht so schnell „einknicken“ und vom Geschmack her die Speisen überdauern können.

21 Alterungsfähigkeit – Privileg einer kleinen Minderheit

Alterungsfähigkeit ist ein Wesenszug fast aller großen Weine. Ganz selten einmal mag es vorkommen, dass ein Wein „groß“ ist, aber nicht altern kann. Die Masse der weltweit erzeugten Weine ist jedoch für die Lagerung völlig ungeeignet; sie müssen jung, das heißt in den ersten Monaten nach ihrer Vermarktung getrunken werden. Ihre Schönheit ist die Schönheit der Jugend. Wenn diese verblasst, ist aller Charme und jede Lebendigkeit dahin, und der Wein wirkt schal, müde und unattraktiv. Diese kurzlebigen Weine leben vor allem von ihrer frischen, lebendigen Art. Sie sind meist fruchtig, süffig und unkompliziert, gelegentlich durchaus auch fein, elegant und finessenreich. Doch diese Eigenschaften gehen schnell verloren, und damit auch die Attraktivität. Das spricht nicht gegen sie, insofern sie in ihrer Jugend viel Trinkfreude bereiten. Ihr fehlendes Alterungspotenzial muss dann nicht interessieren.

Bis auf ganz wenige Ausnahmen sind alle trockenen Weiß- und Roséweine trinkfertig ab dem Tag ihrer Vermarktung. Es macht keinen Sinn, sie zu Hause zu lagern und reifen zu lassen. Das gilt ebenso – was viele überraschen mag – für die große Masse der einfachen und mittelklassigen Rotweine. Oder anders formuliert: Für sicherlich nicht mehr als ein Prozent aller Weine macht es Sinn, sie nicht schon jung zu trinken.

Je größer das Reifungs- und Alterungspotenzial eines Weines ist, umso länger bewahrt er sich die Duftigkeit und die „Frucht“ seiner Jugend. Richtiges Altern heißt, lange Zeit die Tugenden der Jugend zu bewahren. Bei diesen Weinen schwächen sich die jugendlichen Noten erst ganz allmählich ab, und an ihre Stelle tritt das so genannte Reifearoma. Sie vervollkommnen allmählich ihre Duftigkeit und entwickeln erst mit der Zeit ihre endgültige Harmonie der Gerüche und ihr komplexes Bouquet. Mit zunehmendem Alter wandeln sich die frischen Früchte zu gekochten und später zu getrockneten Früchten. Karamellisierte Aromen werden intensiver, Noten von Herbstlaub und Leder treten hinzu, und die Weine gewinnen an Komplexität.

Auch am Gaumen bewahren alterungsfähige Weine lange Zeit die Merkmale der Jugend: Frische, Säure, Vitalität, aber auch die adstringierende Kraft der Tannine im Falle mancher Rotweine. Mit zunehmender Reife stellt sich dann allmählich ein weicheres, abgerundeteres, weniger stürmisches Mundgefühl ein. Der Wein verliert seine Ecken und Kanten, aber auch einen Teil seiner Kraft. An ihre Stelle treten Feinheit und Eleganz.

Was aber macht die Alterungsfähigkeit eines Weines aus, und welche Weine sind es, die altern können?

Generell gilt, dass ein Wein umso alterungsfähiger ist, je höher seine Güte und je reicher seine Ausstattung mit Säure, Tannin, Alkohol und Süße ist. Die meisten trockenen Weißweine, selbst jene von hoher Qualität, werden am besten jung getrunken, im Idealfall frisch und fruchtig. Die feinsten jedoch – das sind die Grands Crus aus dem Burgund (Chardonnay), einige wenige Grands Crus Classés aus der Bordeaux-Enklave Graves (Sauvignon Blanc, Sémillon) sowie eine zunehmende Zahl großer deutscher Riesling-Gewächse vor allem vom Rhein – werden mit längerer Reife zunehmend komplexer und feiner. Anders als so mancher reifungsbedürftige Rotwein lassen sie sich auch schon jung mit großem Vergnügen trinken. Sie opfern jedoch ihr Potenzial, wenn Sie diese Weißweine zu früh öffnen.

Trockene Rotweine haben dann besonders aussichtsreiche Entwicklungschancen, wenn sie neben stattlichem Alkohol und großer Frucht- und Extraktintensität auch über ein kräftiges Tanningerüst verfügen. Dieses verschafft ihnen den entscheidenden Wettbewerbsvorteil im Reifeprozess gegenüber trockenen Weißweinen. Ganz grob verallgemeinert profitieren nur die großen Rotweine aus den klassischen Gebieten (Bordeaux, Burgund, nördliche Rhône, Barolo, Barbaresco, Montalcino) von längerer Flaschenlagerung. Mit sehr gutem Reifepotenzial ausgestattet sind auch fruchtige, restsüße Rieslinge in den Prädikaten Kabinett und Spätlese von Rhein und Mosel, wenn sie aus guten Jahren und von renommierten Erzeugern stammen. Sie sind nach fünf bis sieben Jahren in der Flasche am besten. Bei den Auslesen und höheren Prädikatsstufen ist dies oft sogar noch später der Fall: So sind die besten 1971er heute nicht nur perfekt gereift, sie haben sogar noch etliche gute Jahre vor sich.

Die allerbeste Alterungsfähigkeit besitzen edelsüße Weine. Neben einer vergleichsweise hohen Säure ist es vor allem die ungeheure Süße, die vor allzu schneller Oxidation schützt und manchen Exemplaren ein

Leben von vielen Jahrzehnten ermöglicht. Sehr gute Trockenbeerenauslesen überstehen ähnlich wie die besten Sauternes ohne große Mühe ein ganzes Jahrhundert. Da können nur noch exzellenter Madeira und Vintage Port mithalten. In der folgenden Übersicht finden Sie die Reifepotenziale einiger ausgesuchter Weintypen und Rebsorten in Jahren:

Rote Sorten:	Weiße Sorten:	Dessertweine:	Likörweine:
Cabernet Sauvignon (6–20) Merlot (2–10) Syrah (4–16) Nebbiolo (4–20) Pinot Noir (2–10) Sangiovese (2–10)	Riesling (4–10) Chenin blanc (4–10) Chardonnay (2–10) Sauvignon blanc (2–8)	aus sehr reifen Trauben (4–20) aus edelfaulen Trauben (8–40) aus getrockneten Trauben (4–40)	Banyuls (5–20) Vintage Port (10–40) Madeira (20–80)

Wann jedoch diese Weine im Einzelnen ihre Vollreife erreichen, lässt sich in den wenigsten Fällen exakt voraussagen. Überraschungen stehen auf der Tagesordnung und halten dementsprechend Weinliebhaber in Atem.

Sie sollten sich jedoch vor Weinen hüten, die Sie nicht schon in ihrer Jugend begeistern können. Die Wahrscheinlichkeit ist dann nämlich groß, dass sie auch mit zunehmendem Alter nicht zu feinen Geschmackserlebnissen heranreifen werden. Große Weine schmecken in jedem Alter gut, egal ob jung oder in Würde gealtert. Und jedes Alter hat seine Besonderheiten und Vorzüge: Junge Weine präsentieren sich frisch, lebendig, kraftvoll, stürmisch und begeisternd, aber nicht selten auch noch etwas eckig und kantig, ungeschliffen und rau, weniger komplex, nuancenreich und subtil.

Reife Weine präsentieren sich dagegen wie gealterte Menschen: vom Leben gezeichnet. Rotweine sind in der Farbe blasser geworden, am Gaumen nicht mehr so stürmisch und kraftstrotzend, dafür in ihrer ganzen Art milder, ausgewogener und finessenreicher. Das jugendliche Sortenaroma hat einem harmonischeren und komplexeren Bouquet mit herbstlichen Noten Platz gemacht. Doch selbst im Stadium der Vollreife sind die Tannine und die erfrischende Kraft der Säure noch immer so präsent und fest, dass sie den Wein stützen und unseren Gaumen spülen können. Wenn die Phase der Trinkreife dann zur Neige geht, werden die Weine allmählich wieder härter: saurer im Falle der weißen Weine, trockener und adstringierender im Falle der roten.

Tipp:
Beschreibung von Trinkreife und Entwicklungspotenzial

Trinkreife: unfertig, beginnende Trinkreife, trinkreif, im Abbau befindlich, abgebaut

Entwicklungspotenzial: ohne Potenzial, mit Potenzial für x Jahre

Wussten Sie schon ...

- Die Entwicklung eines Weines verläuft nach seiner Abfüllung nicht in jedem Fall kontinuierlich. Manche durchlaufen eine *Schlafphase*. Insbesondere die reifungsbedürftigen Rotweine verschließen sich zunächst einmal immer mehr und erreichen etwa im Falle eines Médoc nach fünf bis sieben Jahren den Höhepunkt ihrer Verschlossenheit. Erst dann öffnen sie sich allmählich und entwickeln sich ihrer Trinkfertigkeit entgegen.
- Wein altert in kleinen Flaschen schneller als in großen. Ist eine lange Lagerung angestrebt und möglich, empfiehlt sich die Magnum-Flasche mit 150 cl Inhalt.
- Die Veränderungen, die ein Jungwein beim Dekantieren beziehungsweise an der Luft innerhalb von Stunden bis Tagen durchmacht, können zur Abschätzung seiner Lagerfähigkeit herangezogen werden: Ist ein Wein nach 24 Stunden im Dekanter matt und kraftlos, ist das in der Regel ein untrügliches Zeichen für mangelnde Entwicklungsfähigkeit.
- Süße Weine verlieren mit zunehmender Alterung einen Teil ihrer Süße. Eine Riesling-Auslese mit 50 bis 60 g/l Restsüße kann nach einer Reifezeit von 15 bis 20 Jahren fast trocken schmecken.
- Um die Alterungsfähigkeit eines angesehenen Médoc-Weinguts selbst zu studieren, besorgen Sie sich einen jungen Wein aus gutem Jahrgang in ausreichender Menge (mindestens 12, besser 24 Flaschen), lagern Sie ihn für fünf bis acht Jahre ein und beginnen Sie dann durch jährliches Öffnen von einer bis zwei Flaschen die Entwicklung des Weines zu verfolgen.

22 Typizität, Ursprungsidentität und ökologischer Weinbau

Wein ist nicht einfach Wein. Die große Anziehungskraft, die von ihm ausgeht, liegt vor allem in seiner ungeheuren Vielfalt begründet – einer Vielfalt, die hauptsächlich auf die große Zahl unterschiedlicher Rebsorten und unterschiedlicher geographischer Ursprungsgebiete zurückgeht. Überall dort, wo es über einen längeren Zeitraum gelungen ist, bestimmte Rebsorten mit den lokalen Bedingungen des Bodens und des Mikroklimas erfolgreich zu kombinieren, konnte ein gebietstypischer, ein im Vergleich zu anderen Regionen mehr oder weniger unverwechselbarer Weinstil entstehen. Das macht die Weinwelt so spannend und bietet Ihnen die Möglichkeit, je nach Laune und Gusto zu wählen. Heute passt ein Valpolicella, morgen ein Châteauneuf-du-Pape, und zur Weihnachtsgans darf es ein schön gereifter Pomerol sein. Was für eine Katastrophe, wenn all diese wertvollen Unterschiede verloren gingen! Bei aller Bedeutung von Qualitätsunterschieden: Stilunterschiede sind die eigentliche Würze.

Typizität ist jedoch kein Wert an sich, und schon gar nicht meint es das unkritische Festhalten an etwas Gewohntem allein aus der Tradition heraus. Die Typizität ist erst dann eine zusätzliche Dimension in der Gütehierarchie der Weine, wenn die fundamentalen Qualitätserwartungen an einen Wein erfüllt sind. Das heißt, wenn Sie von einem Wein nicht nur sagen können, dass er fehlerfrei, gut gemacht, harmonisch und fruchtkonzentriert, sondern obendrein auch noch für eine bestimmte Region und Rebsorte typisch ist. Typizität meint die intelligente Verknüpfung hoher Qualitätsstandards mit stilistischer Originalität und Ursprungsidentität. Daraus resultieren Weine auf hohem Qualitätsniveau, die in Aussehen, Duft und Geschmack einen Weinstil auf der Basis regionaler Gemeinsamkeiten (Rebsorten, Terroir) unverkennbar ausdrücken. Es sind Weine, die eine Geschichte haben und in einem soziokulturellen Kontext wurzeln. Das macht ihre Einmaligkeit und Unverwechselbarkeit aus. Und gleichwohl ist Typizität nichts statisches oder unveränderliches. Es ist eine lebendige Realität, die ständig in Bewegung ist und von sich verändernden Faktoren beeinflusst wird.

In einer globalisierten, scheinbar grenzenlos gewordenen Welt wird das Originelle, Authentische, Unverwechselbare und Typische auf besondere Art und Weise wertvoll. Gleichzeitig unterliegt es immer wieder der Gefahr, vom Internationalisierungsstrudel erfasst und in seiner Originalität vernichtet zu werden. Gefahr droht von drei Seiten: erstens dem weltweiten Vormarsch modischer Rebsorten (Chardonnay oder Cabernet Sauvignon) zulasten regionaler, autochthoner Sorten; zweitens dem Vormarsch moderner Vinifizierungstechniken und -philosophien („flying winemakers"), die zu einer Internationalisierung regionaler Weinstile führen, selbst wenn autochthone Sorten verwendet werden; und drittens dem Diktat des internationalen Massengeschmacks. Sich diesen Entwicklungen zu unterwerfen bedeutet, echte Perlen gegen Modeschmuck einzutauschen.

Vor allem für die traditionsreichen und kostenintensiven Gebiete Europas (Rhein, Mosel, Elsass, Burgund, Rhône, Bordeaux, Piemont, Toskana und so weiter) kommt es mehr noch als früher darauf an, auf der Grundlage modernster önologischer Erkenntnisse und exquisiter Kellertechnik Weine zu erzeugen, denen man mit allen Sinnen unverkennbar anmerkt, dass sie Weine dieser Regionen sind. Nicht Topqualität allein ist gefordert, um am Markt bestehen zu können. Gerade im Preissegment jenseits der 10-Euro-Schwelle muss der Esprit unverwechselbarer Einmaligkeit hinzukommen, ein Hauch Tradition, ein Spritzer Folklore. Weinqualität allein spricht unsere Geschmacksnerven an, Typizität hingegen lässt uns eine Weinlandschaft spüren. Das ist die rettende Insel, auf der die klassischen Weine vor der internationalen Flut erstklassig vinifizierter, aber heimat- und identitätsloser Weine Schutz suchen können.

Mehr als andere Weine geben Bioweine Zeugnis ihres Entstehungszusammenhangs, dem Stückchen Erde, aus dem sie hervorgegangen sind. Unter dem Begriff „ökologischer Weinbau" versteht man die Traubenerzeugung ohne Verwendung von chemisch hergestellten Pflanzen- oder Bodenbehandlungsmitteln, Düngern sowie gentechnisch veränderten Produkten. Vielmehr wird der Weinberg als ganzheitliches System gesehen, die natürlichen Zusammenhänge zwischen Boden, Pflanze und Klima finden besondere Berücksichtigung. Man geht davon aus, dass nur auf einem lebendigen Boden gesunde und robuste Reben gedeihen, die Früchte von hoher Qualität hervorbringen. Beim Weinausbau im Keller sind die Unterschiede zum konventionellen Anbau geringer. Hier geht es – neben einer allgemein schonenden Vorgehensweise – vor allem darum, dass die eingesetzten Behandlungs- und Schönungsmittel ebenfalls aus ökologischer Herstellung stammen beziehungsweise nicht gentechnisch verändert sind. Der Begriff „ökologisch" steht gleichbedeutend für „organischen" oder „biologischen" Weinbau.

Wenn alles stimmt, schmecken ökologisch produzierte Weine nach mehr, sind intensiver im Aroma und originell und charaktervoll am Gaumen. Die Zeiten, in denen Biowein nur aus ökologischer Überzeugung und Idealismus getrunken wurde, gehören der Vergangenheit an.

Wussten Sie schon ...

- In Deutschlands Weingärten wird seit rund 20 Jahren organisch-biologisch gewirtschaftet, die Gesamtanbaufläche beträgt circa 2.000 Hektar. Unter den Top-100 deutschen Winzern sind 14 Bio-Betriebe. Und Bio boomt auch international: So werden etwa die besten französischen Loire-Weißweine biologisch-dynamisch produziert. Der weltweit größte Bio-Produzent ist das kalifornische Top-Weingut Fetzer, wo mittlerweile auf etwa 600 Hektar Anbaufläche biologisch gewirtschaftet wird. Italien bringt es bereits auf eine Gesamtanbaufläche von 17.000 Hektar, und auch Kaliforniens Bio-Winzer konnten ihre Jahresumsätze in den letzten Jahren drastisch steigern.

23 Ästhetik – das gewisse Etwas

Große Weine sind wie große Kunst: anspruchsvoll, spannend und verführerisch. Sie besitzen eine zeitlose, von jeder Mode losgelöste Schönheit. Große Weine verlangen Geduld, um sie ganz zu erfassen und zu verstehen. Sie geben nicht alles sofort preis, sondern wollen entdeckt und erobert werden. Nur wenn Sie sich ihnen mit Geduld und Aufmerksamkeit nähern, werden Sie in den Genuss kommen, mit all den vielen Facetten ihrer Schönheit Bekanntschaft zu machen. Großen Weinen ist eine Spannung eigen, die Sie fiebern lässt, während sich die Aromen langsam im Glas entfalten und Ihre Sinne Minute für Minute tiefer in ihren Bann gezogen werden.

Spätestens jedoch wenn es um die Beschreibung dieses gewissen Etwas geht, das große Weine von anderen unterscheidet, kommen Sie nicht umhin, die Sphäre des Messbaren, des wissenschaftlich Exakten zu verlassen. Damit hat jedoch der Kunstliebhaber ebenso zu leben wie der Musikbegeisterte, die bei der Würdigung ihrer Lieblingsobjekte immer auch auf Kategorien zurückgreifen, die ebenfalls nicht empirisch nachzuvollziehen sind. Deshalb ist jedoch noch lange nicht alles möglich oder die Wahl der Begriffe und Kategorien beliebig. Wichtig ist, dass die Attribute und Metaphern, die zur Beschreibung eines Weines herangezogen werden, passen, dass sie sinnvolle Assoziationen auslösen und mit ihrer Hilfe eine Beurteilung der Performance, der Klasse, des Wertes oder der Ästhetik eines Weines möglich wird. Nützlich sind vor allem die folgenden Kategorien:

Komplexität beschreibt das qualitativ obere Ende einer Bewertungsskala, die mit einfach, eindimensional und banal begonnen hat. Im Wein meint sie das komplexe Zusammenspiel einer großen Vielfalt an Duft- und Geschmacksnuancen. Manchmal fühlen Sie sich von einem komplexen Wein nicht nur beeindruckt, sondern auch erschlagen (siehe auch das Kapitel 18, *Komplexe oder reintönige Aromatik – wer hat die Nase vorn?*).

Differenziertheit meint die Klarheit und den Kontrastreichtum, also die Qualität, in der Sie die Einzelheiten in einem Wein erkennen können, ohne dass diese verwischt und verschmiert in einer Art Einheitsbrei untergehen.

Eleganz hat ein Wein, wenn er Sie auf den ersten Blick, bei der ersten Begegnung verzaubern kann. Wenn er sich leicht tut, Ihnen zu gefallen, wenn er sich bei aller Komplexität und inneren Vielfalt im Detail nach außen leichtfüßig, charmant und entgegenkommend präsentiert, wenn er sich – auch als Ergebnis harter Arbeit – spielerisch sicher bewegt, wenn er Kraft hat, ohne damit zu kokettieren, sie athletisch einsetzt, ohne dass er damit protzt, ja, dann haben Sie es mit einem eleganten Wein zu tun. So ein Wein hat etwas von einem Trapezkünstler, der im Moment seiner öffentlichen Darbietung alle Mühen und allen Schweiß des Trainings hinter sich lässt und mit Leichtigkeit und Eleganz scheinbar schwerelos durch die Lüfte schwingt.

Finesse in einem Wein zu entdecken bedeutet, dem Gipfel nahe zu sein. Es bedeutet das Größte, nämlich Eleganz und Komplexität vereint (zusammenspielen) zu sehen. Finessenreiche Weine präsentieren sich bei allem inneren Nuancenreichtum, bei aller Komplexität fein und zart. Es sind niemals extrovertierte, aufdringliche, laute Weine. Ihre Stärke ist das raffinierte, subtile und feinsinnige Zusammenspiel aller Details. Um Finesse in einem Wein zu erleben, müssen Sie zur Ruhe kommen, relaxen, Ihre Aufmerksamkeit fokussieren, sich mit Haut und Haaren hingeben und verführen lassen.

Konzentration zeugt von Kraft und Vitalität, ist aber kein Wert an sich. Nur wenn sich Komplexität und Eleganz hinzugesellen, ist Größe garantiert – wenn nicht, bleibt nicht mehr als ein Bluff. Heute entspricht sie etwas zu sehr dem Zeitgeist und hat sich damit zum großen Gegenspieler von Finesse und Feinheit entwickelt. Blockbuster sind in: Ein Wein soll nur so strotzen vor Farbtiefe, Kraft, Alkohol und Tannin, dicht und undurchdringlich soll er sein. Ein Wert an sich ist das nicht.

Tipp: Beschreibung des ästhetischen Niveaus

Komplexität: eindimensional, gewisse Komplexität, sehr vielschichtig, nuancenreich

Differenziertheit: undifferenziert, bedingt differenziert, differenziert, sehr differenziert

Eleganz: plump/schwerfällig, gewisse Eleganz, Eleganz, große Eleganz

Finesse: entweder ist ein Wein finessenreich oder er ist es nicht

24 Vom Wert der Expertenurteile

Weinbewertungen von Experten haben in den vergangenen Jahren einen immer höheren Stellenwert erhalten. Sie finden sie in Form von Auszeichnungen und Prämierungen, in Buchpublikationen, Zeitschriftenartikeln und manchmal sogar in eigens zu diesem Zweck herausgegebenen Journalen.

Unbestritten positive Wirkungen entfalten Experten, wenn sie als Entdecker und Förderer unbekannter Weinbaugebiete und Produzenten agieren oder wenn ihre Bewertungen Orientierungshilfen beim Kauf bestimmter Weine bieten. Insbesondere dem Fachhandel dienen sie als Argumente zur Verkaufsförderung. Immer wieder sorgen sie jedoch auch für negative Schlagzeilen.

Als Robert Parker Jr. und Jancis Robinson MW im Frühjahr 2004 den 2003er Jahrgang von Château Pavie aus St-Émilion sehr unterschiedlich bewerteten, kam zum wiederholten Mal eine breite Diskussion über Glaubwürdigkeit und Befangenheit von Weinkritikern in Gang. Fast zur gleichen Zeit berichtete das europäische Wein-Fachmagazin *Vinum* über einen österreichischen Weinjournalisten, der einen deutschen Riesling mit der Höchstnote von 100 Punkten bewertet hatte, dem gleichen Wein jedoch wenige Wochen später in einer verdeckten Probe kaum mehr als 80 Punkte (gerade noch befriedigend) zugestand. Staunen, Verwirrung und auch Empörung beherrschten anschließend die Schlagzeilen.

Man darf nicht aus den Augen verlieren, dass Wein ein lebendiges Produkt ist. Alle, die damit zu tun haben, wissen, dass eine Flasche eines Weins nicht immer wie die andere schmeckt. Nicht nur der Wein hat eine Tagesform, sondern natürlich auch der Verkoster. Hinzu kommen die unterschiedlichen Einflüsse der Umgebung (Temperatur, Luft, Licht, Geräusche und so weiter). Kleinere Bewertungsunterschiede sind deshalb völlig normal, größere sollten dagegen bei erfahrenen und seriösen Experten die

Ausnahme sein. Letztlich steht und fällt die Zuverlässigkeit des Urteils mit der Verkostungskompetenz des Experten.

Doch selbst wenn die Qualität der Verkoster – wie in den oben aufgeführten Beispielen von Parker Jr. und Robinson MW – über alle Zweifel erhaben ist, kann es zu unterschiedlichen Bewertungen kommen. Parker Jr. ist bekannt dafür, dass er kraftvolle, üppige Weine mit Konzentration, Tiefe und geschmeidigem Gaumenauftritt tendenziell hoch bewertet, während Robinson MW eher für Eleganz und Finesse in einem Wein hohe Punktwertungen vergibt.

Die Sinne, die bei einer Weinbewertung eingesetzt werden, sind zudem subjektive Messinstrumente: Die Beurteilung erfolgt nach der Intensität der Wahrnehmung und nicht nach der Intensität des Reizes. Verkoster haben bestimmte Stärken und Schwächen in der sensorischen Wahrnehmung. Gute Verkoster kennen diese und stellen sich selbst deshalb immer wieder infrage.

Deshalb sind Expertenurteile ambivalent und – bei allem Bemühen um Objektivität – letztlich immer hochgradig subjektiv. Dennoch können sie für Konsumenten in vielen Fällen nützlich sein. Sie müssen die Expertisen bloß richtig lesen und interpretieren und dürfen ihnen am Ende nicht mehr vertrauen als Ihrem eigenen Gaumen. Es sind Hinweise, Anregungen und Vorschläge, die Ihnen helfen, die ungeheuer komplexe Welt der Weine ein Stück einfacher und übersichtlicher zu machen. Sie sind jedoch kein Ersatz für die Ausbildung eines persönlichen Geschmacks und eines individuellen Zugangs zum Weingenuss.

Es gibt verschiedene Arten, Wein zu bewerten, und alle haben ihre Vor- und Nachteile. Sehr suggestiv und wissenschaftlich exakt zugleich wirkt die Vergabe einer Note. Robert Parker Jr. verwendet das 100-Punkte-System, *Vinum* urteilt auf der Basis einer 20-Punkte-Skala, *Merum*, eine Zeitschrift für italienischen Wein kommt mit fünf Sternen aus, und der jährlich erscheinende *Gambero Rosso*, ebenfalls für Italien zuständig, braucht für seine Beurteilungen gar nur drei „Gläser“.

Reine Zahlen können aber einen Wein genauso wenig beschreiben wie einfache Urteile. Detaillierte Beschreibungen hingegen versprechen einen größeren Informationswert, denn Sie bekommen ein besseres Bild über das stilistische und qualitative Profil des Weines. Weinbeschreibungen sind sehr wichtig, um einen bestimmten Wein zu verstehen, doch so wie es bei der Benotung Meinungsverschiedenheiten gibt, ist Übereinstimmung auch bei der Beschreibung eines Weines keine Selbstverständlichkeit. Auch die Qualität und Zuverlässigkeit der Kommentare und Urteile steht und fällt mit der Erfahrung und Verkostungskompetenz des Experten.

Wussten Sie schon ...

- Das Verfassen von Verkostungsnotizen ist nicht nur eine ausgezeichnete Methode, die eigene Degustationsfähigkeit zu entwickeln, sie hilft auch ungemein, die Mitteilungen der Experten besser zu verstehen.
- Erfahrungsschatz und Ausbildungsniveau der Weinkritiker sind sehr unterschiedlich. Zudem hat jeder eine eigene Herangehensweise und eigene Vorlieben. Sind das nicht ernst zu nehmende Gründe, ihre Urteile nicht allzu ernst zu nehmen?

25 Qualitätskategorien – vom Alltagswein bis zum Top-Produkt

Nachdem in diesem Teil das qualitative Zusammenspiel der einzelnen Inhaltsstoffe behandelt wurde, möchte ich abschließend versuchen, aus den Resultaten dieses Zusammenspiels verschiedene Qualitätskategorien für Weine zu bilden. Wie Sie gesehen haben, können sich stilistisch ähnliche Weine qualitativ deutlich unterscheiden – und das ergibt in meinen Augen folgende Kategorien:

Die mit Abstand größte Gruppe am Markt stellen die ganz einfachen *Einstiegsqualitäten* dar. Diese Weine, die weitgehend aus industrialisierter Produktion stammen, weisen bestenfalls ein technisches Mindestniveau auf und werden zu Niedrigstpreisen in die Läden gebracht. Es handelt sich dabei meist um Handelsabfüllungen mit irgendwelchen Phantasienamen und ohne klare Herkunftsangabe. Ihr Geschmack ist eindimensional, unbestimmt und flüchtig. Mit anderen Worten: Das Vergnügen an solchen Weinen erschöpft sich schnell. Derzeit machen diese einfachsten Qualitäten, die nicht selten mit unverhältnismäßig hohem Verpackungs- und Werbeaufwand vermarktet werden, schätzungsweise mehr als drei Viertel des gesamten weltweiten Weinmarktes aus.

In einem *mittleren Qualitätssegment* mit Preisen bis ungefähr 10 Euro finden Sie jede Menge gute, gelegentlich sogar sehr gute Weine. Sie präsentieren sich technisch ohne Fehl und Tadel, sind absolut sauber bereitet und können zu vielen Gelegenheiten eingesetzt werden. Meist sind sie von mittlerer aromatischer Intensität, ohne jedoch mit deutlichen Komplexitätsmerkmalen aufwarten zu können. Die Besten in dieser Kategorie sind gebiets- und rebsortentypisch. Am Gaumen zeigen sie angenehme Harmonie, aber selten bemerkenswerte Feinheit, Eleganz und Länge. Es sind Alltagsweine im besten Sinne des Wortes, die Sie jung trinken sollten, wenngleich der ein oder andere ein geringfügiges Reifepotenzial besitzt.

Für einen fiktiven, anscheinend *modernen Publikumsgeschmack* wird eine dritte Gruppe von Weinen gezielt produziert. Unter Einsatz der modernen Kellertechnik entstehen in diesem sehr rasch anwachsenden Segment ungemein geschliffene, zugängliche, attraktive und zugleich überaus mächtige und konzentrierte Weine, die sich vor allem aufgrund ihres recht hohen Preisniveaus deutlich von der Masse der einfachen Weine unterscheiden. Trotz aller technischen Perfektion kommen sie jedoch meist vordergründig und ohne besonderen Tiefgang daher. Ihre stilistische Performance ist variabel und verändert sich mit den geschmacklichen Moden der Klientel, für die sie gemacht werden: den marken-, status- und prestigebewussten Konsumenten mit finanziellen Reserven, aber ohne wahre Weinkultur.

Eine regelrechte Renaissance erlebt bei einer zunehmend kundigen Verbraucherschicht eine vierte Gruppe von Weinen, die als *traditionell* im besten Sinne bezeichnet werden kann. Diese Erzeugerabfüllungen werden in Weinberg und Keller naturnah und mit handwerklicher Sorgfalt produziert. Sie sind Ausdruck ihrer jeweiligen Herkunft, von Klima und Boden, Rebsorte und regionaler Weinbaukultur und verkörpern damit die eigentliche Vielfalt in der Welt der Weine. Sie präsentieren sich in der Regel überaus bekömmlich und bieten ein für den Verbraucher nachvollziehbares Preis-Genuss-Verhältnis.

In einer fünften, mengenmäßig ungemein kleinen und überschaubaren Gruppe versammeln sich die wahrhaft *großen Weine* dieser Welt. Damit Größe möglich wird, bedarf es ein Höchstmaß an Kompetenz, Enthusiasmus und Wagemut. Weine dieser Kategorie zeichnen sich durch aromatische und geschmackliche Komplexität und Intensität aus, sie sind stets wundervoll balanciert und geben freimütig Zeugnis ihres Entstehungszusammenhangs: Terroir, Rebsorte, Jahrgang und Regisseur. Ihre Vielschichtigkeit ist anspruchsvoll und ihr Genuss nicht immer ganz leicht. Selten offenbaren sie ihre Schönheit dem eiligen Genießer, sie benötigen stattdessen Zeit zum Reifen und äußerste Wachsamkeit bei der Begegnung mit ihnen. Sie verlangen Geduld und Zuwendung, wollen entdeckt und erobert werden, bevor sie die Sinne der Kenner und Liebhaber betören, faszinieren, und berauschen. Diese Weine sind sinnlich und intellektuell zugleich, verführerisch in jeder Hinsicht. Solche Mysterien hervorzubringen ist keineswegs das Privileg allein der traditionsreichen Prestigeregionen und ihrer renommierten Produzenten, auch die vergleichsweise jungen Weinbaugebiete liefern zunehmend Beachtliches. Das Preisniveau reicht von gemäßigt für Weine ohne Sammlerwert bis zu völlig überzogen für Flaschen, die der Markt als Spekulationsobjekt entdeckt hat.

Weinetiketten lesen und verstehen – Hinweise auf Typ, Stil und Qualität

Zielten die beiden vorangegangenen Kapitel vor allem auf die Beantwortung der Frage, wie Sie die Stilistik und Qualität eines Weines erkennen können, wenn Sie ihn verkosten, geht es in diesem Kapitel um die Frage, wie Sie die Qualität eines Weines erkennen können, bevor Sie ihn verkosten – wenn er Ihnen also auf der Weinkarte im Restaurant oder im Weinregal des Fachhändlers begegnet.

So manch einer orientiert sich am Preis, in der Hoffnung, dass der Preis des Produktes in einem ehrlichen Verhältnis zu seinem Trinkgenuss steht. Andere schauen auf Flaschenform oder -farbe, und für wiederum andere spielt die ästhetische Gestaltung des Etiketts eine große Rolle. Der Informationsgehalt all dieser verschiedenen Indikatoren ist letztlich sehr zweifelhaft.

Wäre da nicht das Kleingedruckte auf dem Weinetikett, Sie ständen bei der Suche nach einem schmackhaften Wein auf verlorenem Posten. Die Inhalte des Etiketts – und nicht etwa seine ästhetische Gestaltung – sind in der Tat die entscheidenden Informationsquellen, die Ihnen zur Verfügung stehen, um eine realistische Vorstellung über den Flascheninhalt zu bekommen. Doch die wenigsten Menschen verstehen es zu lesen und seinen Informationsgehalt zu dechiffrieren. Bei der großen Vielzahl unterschiedlicher Qualitätsbezeichnungen und den kaum noch überschaubaren Herkunfts- und Rebsortenangaben darf das nicht wundern.

Aber auch Weinkundige können sich letztlich nicht immer sicher sein, was sie im Glas erwartet. Wein ist und bleibt ein lebendiges und facettenreiches Produkt, das geschmacklich nur schwer prognostizierbar ist. Hier hilft nur bewusste Trinkerfahrung, um die Informationen eines Etiketts mit dem stilistischen Profil des Weins in Beziehung setzen zu können.

Weinnamen

Jeder Wein hat einen Namen. Das ist seine Identität und gleichzeitig zentrales Erkennungsmerkmal. Oft ist es jedoch schwer herauszufinden, welche der vielen Zeilen auf dem Etikett wirklich den Namen des Weines preisgibt. Der Vorschrift nach sollte das immer die am größten gedruckte Zeile sein.

Mal abgesehen von den allereinfachsten Massenweinen, die meistens einen Markennamen tragen, konkurrieren weltweit zwei unterschiedliche Bezeichnungsmodelle: Entweder wird ein Wein nach der *Region* benannt, der er entstammt, oder nach der *Rebsorte*, aus der er gekeltert wurde. Für Einsteiger ist es jedoch nicht immer leicht zu erkennen, ob es sich im Einzelfall um einen geographischen oder einen Rebsortennamen handelt. Sangiovese ist der Name einer Rebsorte, Valpolicella bezeichnet ein Herkunftsgebiet, und Montepulciano ist beides.

Die meisten europäischen Weine haben einen *geographischen Namen*: Bordeaux, Côtes du Rhône, Chianti, Barolo, Rioja, Wachau. Das liegt daran, dass jede dieser Regionen einen ganz bestimmten, historisch gewachsenen Weinstil hervorbringt, der wegen seiner Originalität und Unverwechselbarkeit ohne große Mühe als der Wein der jeweiligen Region identifiziert werden kann. Wenn dagegen der Weinstil in einer Region – wie zum Beispiel in Rheinhessen – sehr heterogen und vielfältig ist, macht ein geographischer Name allein wenig Sinn.

Unter Qualitätsaspekten können unter demselben Namen sehr unterschiedliche Weine auf den Markt kommen. Mitunter sind die Unterschiede von Produzent zu Produzent sogar beträchtlich. Generell gilt: Je größer die geographische Ausdehnung einer Region, desto größer ist in der Regel das Qualitätsspektrum – und umgekehrt. Diese Zusammenhänge schlagen sich in der Weingesetzgebung vieler europäischer Weinnationen nieder: Je kleiner das Gebiet, welches das Recht erworben hat, einem Wein den Regionsnamen zu geben, desto homogener und hochwertiger ist in der Regel die Qualität der vermarkteten Weine. Einige Beispiele hierzu finden Sie in den folgenden Kapiteln zu den Länderetiketten.

Welche Rebsorten sich hinter all diesen Herkunftsangaben verbergen, bleibt dem, der als Informationsquelle allein auf das Etikett angewiesen ist, gänzlich verschlossen. Wenn Sie zum Beispiel als Liebhaber von Weinen aus der Sorte Chardonnay nicht wissen, dass die Weißweine der Côte d'Or oder aus dem Anbaugebiet Chablis aus eben dieser Rebsorte gekeltert werden, bleiben Ihnen die vielleicht besten Vertreter vorenthalten. Allein schon aufgrund der Tatsache, dass es Tausende von Orts- und Lagennamen, aber nur etwa zwei Dutzend relevante Rebsorten gibt, ist es leichter, zunächst die wichtigsten Sorten und ihre jeweiligen Besonderheiten kennen zu lernen. In einem zweiten Schritt können Sie sich dann mit den stilistischen Unterschieden beschäftigen, die sich aufgrund der unterschiedlichen Herkunft ergeben.

Die meisten Weine aus der „Neuen Welt" werden nach der *Rebsorte* benannt, aus der sie gekeltert sind. Dieses Bezeichnungsprinzip ist aus mindestens zwei Gründen enorm konsumentenfreundlich: Erstens ist die

Zahl der Rebsorten überschaubar, die einem immer wieder begegnen und deren Namen man sich merken sollte, und zweitens lässt sich der Geschmack eines bestimmten Weines leichter vorhersagen, wenn man erst einmal mit der stilistischen Performance der jeweiligen Rebsorte vertraut ist. Dennoch, was auf den ersten Blick so einfach ausschaut, verliert mit zunehmender Beschäftigung seine Einfachheit. Auf den zweiten Blick werden dann doch wieder Aspekte der Herkunft, der kellertechnischen Bereitung und des Erzeugers relevant. Weine aus derselben Rebsorte können also dennoch sehr unterschiedlich schmecken.

Ob nun der Name eines Weines von seiner Rebsorte oder seiner Herkunftsregion stammt – was letztlich zählt ist der *Name des Produzenten*. Dieser allein verbürgt für ein bestimmtes Qualitätsniveau und steht für einen mehr oder weniger authentischen Weinstil. Fahren Sie an die Mosel und versuchen Sie, einen typischen und zugleich guten, schmackhaften Riesling zu finden, und Sie werden sehr schnell merken, wie wichtig es ist, die Namen der zuverlässigen Produzenten zu kennen. Die jeweils führenden Erzeuger in den diversen Anbaugebieten dieser Welt haben es sich angewöhnt, den Namen des Weinguts ins Zentrum des Etiketts zu rücken. Sie wollen sich nicht hinter dem Namen einer Rebsorte oder einer Region verstecken, sondern unterstreichen, dass sie als Produzenten es sind, die für den Inhalt der Flasche verantwortlich sind. In der Praxis ist es nicht ganz einfach, die Spreu vom Weizen zu trennen. Auf lange Sicht kommen Sie nicht daran vorbei, ein Gedächtnis für die guten und zuverlässigen Produzenten in der Welt zu entwickeln.

Besonders bekannten Erzeugern kann es gelingen, für ihre Weine *Markennamen* zu etablieren. Das geschieht zum Beispiel, wenn ein Wein über einen langen Zeitraum hinweg mit konstant zuverlässiger Stilistik und Qualität angeboten wird. Das gilt unter anderen für viele Château-Weine aus dem Bordelais: Petrus, Latour und viele andere sind zu zuverlässigen Marken geworden. Ihre große Reputation ist ein Garant für Qualität. Aber auch Großkellereien kann die Etablierung von Weinmarken gelingen, wenn sie das Produkt erfolgreich bewerben und in stets gleicher Qualität unbegrenzt verfügbar halten (Mateus Rosé, Mouton Cadet oder Amselfelder).

Offizielle Qualitätskategorien

Während die Länder der Neuen Welt in ihren Weingesetzen den Produzenten keine nennenswerten Auflagen machen, herrscht in Europa eine große Verordnungsdichte – ein Labyrinth, dessen Logik sich oft nur noch

Verwaltungsbeamten erschließt. So genannte *Qualitätsweine* bilden die Spitze der europäischen Weinhierarchie. In der Regel sind die besten Anbaugebiete eines jeden Landes ausersehen, Qualitätsweine zu produzieren. Qualitätsweine sind folglich immer an eine bestimmte Region gebunden, in der die Trauben gewachsen und geerntet werden müssen. Darüber hinaus sind Vorschriften hinsichtlich des Mindestalkoholgehaltes, der zugelassenen Traubensorten, des maximalen Hektarertrages und der Herstellungsmethoden festgehalten.

Tafelweine stellen dagegen die unterste Stufe der Qualitätspyramide dar. An sie werden nur sehr niedrige Anforderungen gestellt. Über den genauen Flascheninhalt eines Tafelweins erfahren Sie meist sehr wenig, da Angaben über Rebsorte, Herkunft und Jahrgang auf den Etiketten verboten sind. Es sind namen- und gesichtslose Produkte, die ohne gesetzliche Mengenbeschränkung auf der Basis niedrigster Mostgewichte produziert werden können. Etwa 65 Prozent der europäischen Weinproduktion werden für Tafelweine geerntet, wovon jährlich mindestens ein Viertel vom Markt genommen und zu Industriealkohol destilliert wird.

Landweine gelten gemeinhin als die etwas besseren Tafelweine und bieten oftmals süffigen, unkomplizierten und preiswerten Weingenuss. Sie sind schon recht detaillierten Anforderungen unterworfen: Festgelegt sind Herkunft, zugelassene Rebsorten und ein mindestens um 0,5 Vol.% höheres Mostgewicht als für Tafelweine. Landweine müssen generell trocken ausgebaut werden. Außerhalb Frankreichs hat sich Landwein bislang jedoch nirgendwo richtig durchgesetzt.

Die Informationen des Weinetikettes auf einen Blick

Die Angaben auf dem Weinetikett müssen in allen Fällen das Herkunftsland, die Qualitätseinstufung und den Namen des Erzeugers beziehungsweise Abfüllers enthalten. Auch die Füllmenge der Flasche muss stets auf dem Etikett angegeben werden. Sie beläuft sich in den meisten Fällen auf 75 cl, kann aber auch darunter oder darüber liegen. Obligatorisch ist schließlich die Angabe des Alkoholgehalts. Sie erfolgt meist in Volumenprozent (Vol.%), gelegentlich aber auch in Grad (°). Wird ein Jahrgang angegeben, dann muss sicher gestellt sein, dass mindestens 85 Prozent der geernteten Trauben auch aus diesem stammen. Dieselbe Regelung gilt in Europa, wenn die Rebsorte aufgeführt wird; in den USA genügen bereits 75 Prozent.

Angaben zur Restsüße (siehe dazu auch das Kapitel 10, *Süße – stilistischer Bestandteil statt Qualitätsmerkmal*) sind nicht vorgeschrieben.

	Deutschland	Frankreich	Italien	Spanien	sonstige
Qualitätsweine bestimmter Anbaugebiete	Qualitätswein mit Prädikat	Appellation d'Origine Contrôlée (AOC)	Denominazione di Origine Controllata e Garantita (DOCG)	Denominación de Origen Calificada (DOCa)	*Australien*: Einführung eines Bezeichnungsrechts nach europäischem Vorbild *Chile*: weitgehend ungeregelt *Südafrika* : Wine of Origin (WO) Freiwillige Regelung
	Qualitätsweine bestimmter Anbaugebiete (Q.b.A.)	Vin Délimité Qualité Supérieure (VDQS)	Denominazione di Origine Controllata (DOC)	Denominación de Origen (DO), Vino de Pago	
	Landwein	Vin de Pays	Indicazione Geografica Tipica (IGT)	Vino de la Tierra Vino Comarcal	
	Tafelwein	Vin de Table	Vino da Tavola	Vino de Mesa	
Häufig vorkommende Angaben	Weingut	Domaine, Château Propriétaire-récoltant	Azienda Agricola	Bodega	Estate
	Genossenschaft	Cave (coopérative)	Cantina Sociale	Cosorcio	Cooperative
	Händler	Négociant	Casa Vinicola	Comerciante	Merchant
	Erzeugerabfüllung	Mis (en bouteille) au château/domaine	Imbottigliato all'origine	Embotellado (de origen)	Bottling by producer
	Winzer	Viticulteur, Vigneron, Récoltant	Podere, Tenuta, Fattoria, Vticoltore	Viticultor, Vinador, Cosechero	Wine-grower
	Winzervereinigung	Union des vignerons	Consorzio		Wine-growers association
	Weinlese	Récolte	Vendemmnia	Vendimia	Harvest
	Spätlese	Vendange Tardive	Vendemmnia Tardiva	Cosecha tardía	Late harvested
	Jahrgang	Millésime	Annata	Cosecha	Vintage
	Ortschaft	Villages	Località		
	Alte Reben	Vieilles vignes	Vigna vecchia	Viejo	Old vines
		Supérieur	Superiore		
	Hanglage	Côte, Coteaux			
	Lage	Cru, Exposition	Vigna, vigneto	Vina	Vinyard
	Top-Lage	Cru			
	Klassifizierte Lage	Cru classé			
	Großes Gewächs	Grand Cru			
	Länger gereifter Wein		Riserva	Crianza, Reserva Gran Reserva	
	Trocken	Sec	Secco	Seco	Dry

Wenn sie dennoch aufgeführt werden, gelten die folgenden Grenzwerte, dazu die jeweilige Bezeichnung in den wichtigsten Sprachen:

Restsüße g/l	Deutsch	Französisch	Italienisch	Spanisch	Englisch
bis 4		Brut			Bone dry
bis 9	Trocken	Sec	Secco	Seco	Dry
10–20	Halb-trocken	Demi-Sec	Abbocato	Semi-seco	Medium dry
20–30	Mild	Doux	Amabile	Dulce	Medium sweet
30–40/45	Lieblich	Moelleux	Dolce		Sweet
über 40/45	Süß	Liquoreux			

Bevor wir uns den Weinetiketten verschiedener Länder widmen, finden Sie in der nebenstehenden Übersicht schon einmal die wichtigsten Begriffe im Vergleich.

Deutsche Weinetiketten

26

Deutsche Weine sind per Gesetz in vier Güteklassen eingestuft: *Tafelweine*, *Landweine*, *Qualitätsweine bestimmter Anbaugebiete (Q.b.A.)* und *Prädikatsweine*. Während die französischen Weine nach ihrer Herkunft klassifiziert werden, spielt diese im deutschen Weinrecht keine Rolle. Die Qualität der einzelnen Weine wird jedes Jahr von neuem ausschließlich anhand des Zuckergehalts der Traubenmaische und einer amtlichen Prüfung bestimmt. So kommt es, dass rund 95 Prozent der deutschen Abfüllungen in die Kategorie Qualitätswein oder eine der höheren Güteklassen eingestuft werden können und sich damit – nach der Sprachregelung der EU – auf derselben Stufe wie der französische AOC-Wein befinden (siehe das folgende Kapitel 27, *Französische Weinetiketten*). Die deutschen Behörden untermauern diese – im Ausland generell belächelte – Einstufung durch die Vergabe der amtlichen Prüfungsnummer, die vergeben wird, nachdem die Weine einer analytischen und sensorischen Prüfung unterzogen wurden. Die folgende Tabelle zeigt an, welche Mindestanforderungen an Weine gestellt werden, damit sie eine bestimmte Güteklasse erreichen:

Qualitätsstufe:	Mindestmostgewicht:	Mindestalkoholgehalt:
Tafelwein	44–50° Öchsle	8,5 Vol.%
Landwein	47–53° Öchsle	8,5 Vol.%
Q.b.A.	50–72° Öchsle	7,0 Vol.%
Kabinett	67–82° Öchsle	7,0 Vol.%
Spätlese	76–90° Öchsle	7,0 Vol.%
Auslese	83–100° Öchsle	7,0 Vol.%
Beerenauslese	110–128° Öchsle	5,5 Vol.%
Trockenbeerenauslese	150–154° Öchsle	5,5 Vol.%
Eiswein	110–128° Öchsle	5,5 Vol.%

Deutscher *Tafelwein* muss ausschließlich aus deutschem Lesegut zugelassener Rebflächen und Rebsorten hergestellt werden. In Deutschland werden im Vergleich zu anderen Anbauländern nur kleine Mengen an Tafelwein erzeugt. Meist handelt es sich um Weinberge mit Erträgen, die über dem zugelassenen Hektarhöchstertrag für Qualitätswein liegen, da Tafelweine in größerer Menge je Hektar produziert werden dürfen als Qualitätsweine. Der natürliche Mindestalkoholgehalt (Mostgewicht) eines Tafelweines muss in allen deutschen Anbaugebieten 5 Vol.% (44 Grad Öchsle, siehe dazu die Einleitung zum Kapitel *Wein – was ist das eigentlich? Weintypen und Stile unterscheiden*), in Baden (Weinbauzone B) 6 Vol.% betragen. Der Gesamtalkoholgehalt des Weines muss mindestens 8,5 Vol.% betragen und darf 15 Vol.% nicht überschreiten.

Deutscher *Landwein* ist eine gehobene Stufe des Tafelweins. Beim Landwein muss auch die Landschaft, aus der die Trauben stammen, auf dem Etikett angegeben sein. Landwein ist stets trocken oder halbtrocken. Der natürliche Mindestalkoholgehalt liegt in den einzelnen Landweingebieten um mindestens 0,5 Vol.% höher als bei einfachem Tafelwein.

Qualitätswein bestimmter Anbaugebiete (Q.b.A) ist die größte Gruppe deutscher Weine. Qualitätsweine müssen zu 100 Prozent aus einem der 13 deutschen Anbaugebiete stammen. Für jeden Qualitätswein sind

– unterschiedlich nach Rebsorte und Anbaugebiet – untere Grenzwerte beim natürlichen Alkoholgehalt festgelegt. Das Mindestmostgewicht liegt je nach Gebiet zwischen 50 und 72 Grad Öchsle. Qualitätsweine dürfen ebenso wie Tafelweine angereichert (chaptalisiert) werden. Der Zusatz von Zucker vor der Gärung ist gesetzlich begrenzt: Durch die Chaptalisation dürfen bis zu 3,5 Vol.% zusätzlicher Alkohol entstehen.

Für *Qualitätsweine mit Prädikat* gelten die höchsten Anforderungen hinsichtlich Sortenart, Reife, Harmonie und Eleganz. Bei diesen Weinen darf kein Zucker zugesetzt werden. Es gibt sechs verschiedene Prädikate, wiederum mit unterschiedlichen Mindestmostgewichten je nach Rebsorte und Anbaugebiet. Dabei gelten in südlicheren Anbaugebieten meist noch höhere Anforderungen. Die Prädikate sind in aufsteigender Reihenfolge:

- *Kabinett:* Feine, leichte Weine aus reifen Trauben, die nur einen geringen Alkoholgehalt aufweisen.
- *Spätlese:* Reife, elegante Weine mit feiner Frucht, die etwas später geerntet werden.
- *Auslese:* Edle Weine aus vollreifen Trauben, bei denen unreife Beeren vorher ausgesondert werden.
- *Beerenauslese:* Volle, fruchtige Weine aus überreifen, edelfaulen Beeren; der Botrytispilz (Edelfäule, siehe auch Kapitel 4, *Süßweine – der Kampf gegen das Negativimage*) trägt mit zur Qualität bei. Solche Weine können nicht in jedem Weinjahrgang geerntet werden und sind über Jahrzehnte lagerfähig.
- *Trockenbeerenauslese:* Aus rosinenartig eingeschrumpften, edelfaulen Beeren ist die Trockenbeerenauslese die Spitze der Qualitätspyramide, süß und honigartig ist sie von extremer Alterungsfähigkeit über viele Jahrzehnte.
- *Eiswein:* Wird aus Trauben gemacht, bei denen das gleiche Mindestmostgewicht wie bei einer Beerenauslese erreicht wurde. Die Trauben werden in gefrorenem Zustand unter minus 7 Grad Celsius gelesen und gefroren gekeltert, sodass nur das Fruchtkonzentrat ausgepresst wird.

Seit dem Jahrgang 2000 dürfen Weine auch mit den Begriffen *Classic* und *Selection* bezeichnet werden. Der Begriff *Classic* verspricht, dass es sich um einen Wein aus einer klassischen, gebietstypischen Rebsorte handelt, der einem gehobenen Qualitätsanspruch genügt, gehaltvoll, kräftig, aromatisch und trocken schmeckt. Das Mindestmostgewicht liegt 1 Vol.% über dem Mindestmostgewicht der jeweiligen Rebsorte, der Gesamtalkoholgehalt bei mindestens 12 Vol.% (Ausnahme: Mosel-Saar-Ruwer mit mindestens 11,5 Vol.%). Der Restzucker beträgt maximal 15 g/l.

Weine mit der Bezeichnung *Selection* erheben den Anspruch, die neue trockene Spitzenklasse des deutschen Weins zu repräsentieren. Ausgewählte Standorte, geringer Ertrag und Handlese sollen die Garanten für diesen Anspruch sein. Selectionsweine dürfen frühestens am 1. September des auf die Ernte folgenden Jahres abgefüllt werden. Sie haben mindestens 12,2 Vol.% natürlichen Alkoholgehalt beziehungsweise Auslesemostgewicht, der Hektarertrag ist auf 60 hl/ha begrenzt.

Das deutsche Weinrecht und in der Folge auch das Weinetikett hat zwei zentrale Schwächen, die letztlich auch zur Verwirrung der Konsumenten beitragen. Erstens gibt es keinerlei ersichtlichen Hinweis, ob der Wein von einem einfachen oder privilegierten Standort kommt. Hunderte von Lagenbezeichnungen stehen ununterscheidbar nebeneinander und werden damit als Information für den Konsumenten bedeutungslos.

Zweitens wird das Mostgewicht zum entscheidenden Kriterium bei der Qualitätseinstufung gemacht. Damit suggeriert das Gesetz die Überlegenheit einer Spätlese gegenüber Kabinettweinen, einer Auslese gegenüber Spätlesen. Aber genau das ist weder in der Realität der Fall, noch ist der Ansatz überhaupt theoretisch richtig und zweckmäßig. Denn faktisch zeigt sich immer wieder, dass ein Kabinett aus angesehenem Hause so manche der zahlreichen Spät- und Auslesen in den Schatten stellt, die im Supermarkt angeboten werden. Nur wenigen Eingeweihten ist bekannt, dass die Prädikatsbezeichnungen in erster Linie Stil- und Alkoholunterschiede markieren und weit davon entfernt sind, verlässliche Gütehinweise zu liefern. Nur woran soll man sich auf der Suche nach guten Weinen halten? Bleibt vorerst nur, die Namen der seriösen und qualitätsbegabten Winzer ausfindig zu machen

Wussten Sie schon ...

- Einen alternativen sinnvollen Ansatz zur Qualitätseinstufung bieten die Klassifikationen des Verbandes Deutscher Prädikatsweingüter (VDP). Diese Klassifikation nimmt den Terroir-Gedanken auf und unterteilt die Weinbergslagen je nach Qualitätspotenzial in drei Stufen:
  1. Stufe: Großes beziehungsweise erstes Gewächs
  2. Stufe: klassifizierte Lagenweine
  3. Stufe: Guts- und Ortsweine

  Damit ein Wein auch als Großes Gewächs abgefüllt werden kann, reicht es natürlich nicht aus, von edlem Grund und Boden abzustammen. Der VDP hat deshalb sehr ambitionierte Auflagen hinsichtlich des Hektarhöchstertrages, des Leseverfahrens, des Mindestmostgewichts und anderer qualitätsrelevanter Aspekten des Weinmachens festgelegt, die alle weit über die geltenden gesetzlichen Anforderungen hinausreichen.

27 Französische Weinetiketten

Das französische Weingesetz und folglich auch die Weinetiketten sind geprägt von der Überzeugung, dass die geographischen Verhältnisse, das Terroir, grundlegenden Einfluss auf den Charakter und die Qualität des Weins ausüben. Das führte in der ersten Hälfte des 20. Jahrhunderts zur Schaffung des oft nachgeahmten Systems der „Appellations d'Origine Contrôlées" (AOC) – die Spitze der französischen Weinhierarchie. Alle Weine dieses Spitzensegments kommen ausschließlich unter dem Namen der Appellation, also mit *geschützter Herkunftsangabe* auf den Markt – und nicht unter dem Namen der Rebsorte.

Unterhalb der Gruppe der AOC-Weine hat Frankreich drei weitere Qualitätssegmente eingeführt:

- „Vin Délimité Qualité Supérieure" (VDQS)
- „Vin de Pays"
- „Vin de Table"

Auf die „Vins Délimités de Qualité Supérieure" (VDQS) entfällt lediglich 1 Prozent der französischen Weinproduktion, unter Qualitätsgesichtsmengen können sie den meisten AOC-Weinen jedoch Paroli bieten. Der VDQS-Status ist im Prinzip ein Interimsstatus auf dem Weg zur AOC-Anerkennung: Gute Landweingebiete steigen auf zu VDQS und können dann – nach einer Phase der Bewährung – AOC-Status erhalten.

Der „Vin de Pays", so heißt der Landwein in Frankreich, ist per Definition ein besserer Tafelwein mit Angabe der geografischen Herkunft. Die Unterschiede zum AOC-Status sind offensichtlich: Die Auswahl der zugelassenen Rebsorten ist größer, die Erträge liegen höher, es gibt kein Mindestalter für die Reben und die Herkunftszonen sind nicht so eng gefasst. Auf den Exportmärkten ist der Vin de Pays nicht zuletzt deshalb so erfolgreich, da auf seinem Etikett, anders als im Falle der AOC-Weine, die Rebsorte angegeben werden darf. Davon machen die Landweinproduzenten Frankreichs reichlich Gebrauch

Die erste Appellation d'Origine Contrôlée wurde in Frankreich allerdings für einen Käse festgelegt, den heute so berühmten Roquefort.

Dasselbe Prinzip wurde dann auf den Wein übertragen: Um den Wein einer bestimmten Region von anderen Weinen abzugrenzen, wurden fortan einige originäre Merkmale exakt festgelegt, die ihn gegenüber allen anderen Erzeugnissen als originäres Produkt einer bestimmten Provenienz leicht identifizierbar machen sollten. Diese Merkmale sind das jeweilige Herkunftsgebiet, die Methoden seiner Herstellung sowie die verwendeten Rebsorten. Daneben bestimmt das Gesetz den höchstzulässigen Ertrag und den Mindestalkoholgehalt.

Oftmals sind die Herkunftsgebiete relativ groß und deshalb zu heterogen, um den Namen für alle dort produzierten Weine hergeben zu können. In Frankreich behilft man sich damit, dass man die Gebiete untergliedert und die Teilgebiete mit größerem Qualitätspotenzial kenntlich macht. Je kleiner also das Gebiet ist, dem dabei das Recht zugesprochen wird, den Namen des Teilgebietes auf das Etikett zu schreiben und damit dem Wein den Namen seiner konkreten Herkunft zu geben, desto homogener und hochwertiger ist in der Regel die Qualität der vermarkteten Weine. Der Wein aus einer Lage mit besonderem Qualitätspotenzial darf in einigen Regionen die Bezeichnungen Premier Cru oder Grand Cru tragen.

Dazu ein Beispiel: Ein einfacher Beaujolais kommt aus dem gleichnamigen Gebiet im südlichen Burgund. Etwas besserer Beaujolais entsteht in den Teilgebieten mit der Bezeichnung Beaujolais-Villages. Hierzu hat man einige kleinere Regionen mit einem mittleren Qualitätspotenzial herausgepickt und dann anonymisiert zusammengefasst, das heißt, der Name der genauen Herkunftsgemeinde darf nicht auf dem Etikett erscheinen. Eben dies ist allein den besten Gebieten vorbehalten: nämlich insgesamt 9 kleinen Cru-Gemeinden mit solch wohl klingenden Namen wie Fleurie, St-Amour, Morgon und Juliénas.

So ist es auch an der Rhône: Einfacher Rhône-Wein führt die Bezeichnung Côte du Rhône, etwas besserer begegnet Ihnen als Côte du Rhône-Villages, und die Weine der besten Gebiete dürfen den Namen ihrer Ursprungsgemeinden tragen – zum Beispiel Châteauneuf-du-Pape, Gigondas oder Tavel.

Die besten Bordeaux-Weine kommen aus den geographisch kleinsten Gebieten, zum Beispiel aus St-Julien oder Margaux, zwei Teilgebieten des Haut-Médoc. Das Haut-Médoc ist Teil des Médoc, und dieses wiederum Teil des Großraums Bordeaux, die Bezeichnung für die einfacheren Weine des Gebietes.

Von den Bezeichnungen Premier Cru und Grand Cru wird in einigen französischen Regionen seit jeher Gebrauch gemacht. Aus Verbrauchersicht ist diese Kennzeichnungsart jedoch nur wenig befriedigend, da von Region zu Region sehr unterschiedliche Bezeichnungen gewählt werden.

So gibt es im Gebiet Bordeaux beispielsweise Bezeichnungen wie „Grand Cru Classé", „Cru Bourgeois", „Premiers Grands Crus Classés", „Grands Crus Classés" und „Grand Cru".

Wussten Sie schon ...

- Eine ganz andere Frage ist es, ob es gelingt, aus einer großen Lage in jedem Jahr auch einen großen Wein zu machen. Die konkreten Resultate sind nicht nur von den jährlichen Witterungsbedingungen abhängig, sondern vielleicht mehr noch von den Fähigkeiten der Winzer und Kellermeister, das überdurchschnittliche Potenzial so zu nutzen, dass überdurchschnittlicher Wein entstehen kann.

Italienische Weinetiketten 28

Italien verfügt über insgesamt vier Güteklassen, die der französischen Weingesetzgebung im Grunde sehr ähnlich und so seit den 90er-Jahren gültig sind:

- „Denominazione di Origine Controllata e Garantita" (DOCG)
- „Denominazione di Origine Controllata" (DOC)
- „Indicazione Geografica Tipica" (IGT)
- „Vino da Tavola"

Und dennoch ist alles ein wenig anders in Italien. Die Kategorien DOC und DOCG umfassen Weine höherer Qualität, die in klar umgrenzten Gebieten und auf der Basis gesetzlicher Regularien erzeugt werden. Die hinterlegten Vorschriften betreffen die zulässigen Stile, Ertragsgrenzen und Rebsorten sowie Keller- und Ausbautechniken. Die Bezeichnung DOCG ist Spitzenweinen vorbehalten, die eine mindestens fünfjährige Lehrzeit als DOC-Wein absolviert haben. Sie müssen Jahr für Jahr zwei Analysen durchlaufen: einmal bei ihrer Erzeugung (wie DOC-Weine auch) und noch einmal, ehe sie auf die Flaschen gezogen werden.

Auch in Italien gilt in der Regel das Prinzip, dass kleinere Ursprungsgebiete größere Qualitätspotenziale beherbergen als Großräume. In der piemontesischen Subregion Langhe entstehen aus der Rebsorte Nebbiolo Weine auf unterschiedlichem Niveau: In der Hierarchie ganz oben stehen die kleinsten Gebiete: Barolo und Barbaresco. Die beiden Dörfer liegen unweit der Stadt Alba und bringen einige der weltweit begehrtesten

Rotweine hervor. Die anderen Gebiete um Alba keltern weniger großartige, aber immer noch erstaunlich gute Exemplare unter der Bezeichnung „Nebbiolo d'Alba". Einfachere Gewächse kommen aus dem Großraum Langhe und führen den Namen „Nebbiolo Langhe".

In anderen Regionen wird versucht, solche Unterschiede mit der Bezeichnung „Classico" einzufangen. So repräsentiert zum Beispiel das Gebiet „Chianti Classico" das klassische und zugleich hochwertigste Kerngebiet der großräumigen Chianti-Region. So ist es auch im Falle von Valpolicella, Soave und Orvieto.

Die relativ neue Kategorie „Indicazione Geografica Tipica" (IGT) ist dagegen vergleichsweise widersprüchlich. Theoretisch liegt sie auf einer Ebene mit den französischen Landweinen, bezeichnet demnach also bessere Tafelweine. Der Ruf dieser Weine am Markt liegt in vielen Fällen jedoch deutlich darüber. Das liegt vor allem daran, dass sich in diesem Segment zahlreiche hochwertige und hochpreisige Flaschen tummeln, denen aufgrund ihrer nicht ganz traditionskonformen Bereitung der Zutritt zu einer DOC verwehrt bleibt. In vielen italienischen Regionen haben während der vergangenen 20 Jahre französische Rebsorten (zum Beispiel Chardonnay, Cabernet Sauvignon oder Merlot) große Verbreitung gefunden, und daraus sind bis heute viele wunderbare Weine entstanden. Doch sie sind – bei aller Güte – eben keine Weine, die dem Gedanken von Typizität und Ursprungsidentität entsprechen. Wenn es nun aber gerade das Typische der IGT-Weine ist, dass sie untypisch sind, führt ihre offizielle Bezeichnung reichlich in die Irre. Sie müssen dementsprechend auf so ziemlich alles gefasst sein, wenn Sie einen italienischen Wein mit der Aufschrift „Indicazione Geografica Tipica" öffnen.

Mit der Bezeichnung „Vino da Tavola" schließlich sind die Tafelweine gemeint. Auch in Italien werden so Weine der einfachsten Art genannt, für die es keine strengen Erzeugungsregeln gibt.

29 Spanische Weinetiketten

Seit dem EU-Beitritt verfügt auch Spanien über ein vierstufiges System zur Hierarchisierung seiner Weine, das den bereits erwähnten Systemen sehr ähnlich ist:

- „Denominación de Origen Calificada" (DOCa): Bislang ist diese Top-Kategorie mit strengen Qualitätsanforderungen den beiden Anbaugebieten Rioja und Priorato vorbehalten.

- „Denominación de Origen“ (DO): Über 50 Gebiete haben bis heute diesen Titel zuerkannt bekommen.
- „Vino de la Tierra“ (VdT): Das ist das spanische Pendant zum französischen Landwein.
- „Vino de Mesa“ (VdM): Das ist die unterste Stufe der spanischen Qualitätspyramide. Hierzu gehören alle Weine aus nichtklassifizierten Weinbergen beziehungsweise Wein, der durch Verschneiden heruntergestuft wurde.

Spanische Weine werden traditionell längere Zeit in kleinen Holzfässern (Barrique) ausgebaut. Je nach Ausbauzeit wird die Dauer auf dem Etikett mit den Bezeichnungen „Crianza“, „Reserva“ und „Gran Reserva“ kenntlich gemacht. Theoretisch werden mit diesen Bezeichnungen Qualitätsansprüche deutlich gemacht, doch faktisch verhält es sich mit diesen Weinen nicht viel anders als mit den deutschen Prädikaten: Eine Crianza aus seriösem Haus überragt so manche Reserva und Gran Reserva um Längen. Auch hier ist es letztlich der Produzent, der zuverlässige Qualitäten garantiert.

Crianza bedeutet, dass der Wein erst im dritten Jahr zum Verkauf frei gegeben wird und zuvor zumindest sechs Monate lang in 225-Liter-Eichenfässern gelagert wurde. Im Rioja-Gebiet, wo dieser Ausdruck am gebräuchlichsten ist, muss die Lagerzeit im Eichenfass sogar zwölf Monate betragen. Für Weißweine liegt die erforderliche Reifezeit bei einem Jahr.

Reserva meint einen Wein aus einem guten Jahrgang mit einer Fass- und Flaschenreife von mindestens drei Jahren, davon ein Jahr im Fass. Die Freigabe erfolgt erst im vierten Jahr nach der Lese.

Gran Reserva ist die Bezeichnung für einen Wein aus einem besonders guten Jahrgang, der mindestens zwei Jahre im Fass und drei Jahre in der Flasche gelagert worden sein muss. Der Wein darf frühestens sechs Jahre nach dem Erntejahr die Bodega verlassen.

Wein richtig servieren und in Gesellschaft genießen

Zum Weintrinken braucht es eigentlich nicht sehr viel: neben einer guten Flasche Wein noch ein passendes Glas und einen Korkenzieher. Aber dann fangen die Fragen auch schon an: Wann und zu welchem Anlass soll die Flasche geöffnet werden? Wie muss der Wein temperiert sein? In welchen Gläsern soll er serviert und wie viel Wein darf ins Glas eingeschenkt werden? In welchen Fällen sollte ein Wein dekantiert werden (siehe dazu Kapitel 33, *Wein dekantieren und belüften*)?

Feste und unumstößliche Regeln gibt es nicht, und sie würden auch keinen Sinn machen. Letztlich entscheiden Sie selbst, wie Sie Wein servieren und wie Sie ihm am liebsten begegnen. Der Umgang mit Wein soll Ihnen Spaß machen, und die Art, wie Sie ihn genießen, sollte zu Ihrem persönlichen Lebensstil passen. In dieser Frage sollten Sie sich von niemandem etwas vorschreiben lassen. Dennoch hat es auch etwas Positives, die Erfahrungen von Menschen zur Kenntnis zu nehmen, die dem Wein seit langem zugetan sind, und vielleicht die eine oder andere ihrer Empfehlungen zu beherzigen.

Die Sorgfalt einem Wein gegenüber endet nicht mit der Verantwortung des Kellermeisters bei der Abfüllung auf die Flasche. Sein Weg vom Winzer bis in Ihr Glas ist lang, und nicht auf jede Etappe haben Sie Einfluss. Unter welchen Bedingungen er transportiert, zwischengelagert und beim Händler aufbewahrt wird, bevor er in Ihren Besitz übergeht, können Sie im Normalfall nur schwer nachvollziehen. Doch ein bisschen liegt es auch am Konsumenten. Sie sollten sich beispielsweise fragen, wie der Wein beim Händler oder im Supermarkt behandelt wird, wie lange er schon im Regal steht und dem Licht ausgesetzt ist, bevor Sie ihn kaufen. Aus diesem Grund sollten Sie Ihren Wein dort einkaufen, wo es Menschen gibt, die sich für Ihre Fragen interessieren und Ihnen Auskunft erteilen.

Einmal in Ihren Besitz gelangt, müssen Sie entscheiden, ob der Wein vorerst gelagert oder möglichst bald ausgetrunken werden soll. Die weiteren Fragen ergeben sich von selbst: Welche Bedingungen sind für die Weinlagerung empfehlenswert? Zu welchem Anlass und aus welchen Gläsern sollte er serviert werden?

So seltsam es sich auch anhören mag: Das Aussuchen des passenden Weins für einen bestimmten Anlass kann mindestens ebenso viel Vergnügen bereiten wie der Weingenuss selbst. Ich selbst habe große Freude daran, wenn ich sehe, dass ich den passenden Wein für die Gäste und das jeweilige Gericht ausgewählt habe. Dabei spielt sicher auch die Vorfreude auf das gemeinsame Verkosten eine Rolle, denn Weingenuss ist dann am schönsten, wenn man ihn mit Gleichgesinnten teilt.

Deshalb lohnt es sich, Qualität und Stilistik der auszuwählenden Weine mit den jeweiligen Anlässen abzustimmen. Orientieren Sie sich bei der Auswahl nicht allein an Ihren persönlichen Präferenzen, sondern bedenken Sie die Gewohnheiten, Vorlieben und Abneigungen Ihrer Gäste. Es macht wenig Sinn, einen wunderbaren roten Bordeaux zur Lammkeule zu öffnen, wenn Sie wissen, dass der Gast eine Rotweinallergie besitzt. Servieren Sie stattdessen einen kräftigen, barriquegereiften Chardonnay, wird man Ihnen für Ihr glückliches Händchen danken.

Es ist empfehlenswert, den Preis des Weines nach Möglichkeit mit dem jeweiligen Anlass abzustimmen. Sie sollten also unterscheiden, ob es sich um ein zwangloses Beisammensein oder eine hochoffizielle Feierlichkeit handelt. Wenn Sie Gäste bewirten, von denen Sie wissen, dass sie keine wirkliche Beziehung zu Wein haben, dann macht es keinen Sinn, die größten Schätze aus Ihrem Weinkeller zu präsentieren. Ihren Gästen machen Sie damit unnötigerweise ein schlechtes Gewissen, weil sie glauben, Ihre Gönnerschaft nicht recht würdigen zu können. Und Sie selbst sind innerlich enttäuscht, weil Sie Ihre Begeisterung für den ausgeschenkten Wein nicht mit Ihren Gästen teilen können.

Auch die Umgebungstemperatur, die Jahreszeit und die Lokalität sollten beim Servieren und Genießen von Wein nicht unbeachtet bleiben. An warmen Tagen sehnt man sich eher nach Erfrischung und einem kühlen Trunk; an kalten Tagen sucht man nach Wärme und spricht deshalb eher einem kräftigen und alkoholreicheren Wein zu; und auf der Veranda bevorzugen Ihre Gäste normalerweise andere Weine als beim Kamingespräch. Die Abstimmung von Speisen und Wein ist ebenfalls ein sehr wichtiger Punkt – dazu finden Sie im Anschluss aber ein eigenes, ausführliches Kapitel.

30 Wein einkaufen – die Qual der Wahl

Wein einkaufen will gelernt sein. Das weiß ich nicht nur aus eigener Erfahrung, sondern auch aus Berichten meiner Seminarteilnehmer. Viele besuchen meine Kurse, weil sie es leid sind, zum hundertsten Mal vor dem Weinregal im Supermarkt zu stehen, unruhig hin und her zu laufen, die Etiketten zu betrachten und die Preise zu vergleichen – um schließlich aus purer Verzweiflung eine halbwegs vertrauenerweckende Flasche zu ergreifen und schlecht gelaunt und mit bangen Befürchtungen von dannen zu ziehen.

In der Tat haben die Weinabteilungen der *Supermärkte* in den vergangenen Jahren enorm zugelegt. Die Angebote sind vielfältiger und hochwertiger geworden. Besonders im Preissegment von 5 bis 12 Euro präsentieren sich viele Läden gut sortiert, und Interessierte können zwischen Weinen aus Deutschland, dem übrigen Europa und Übersee auswählen. Auf fachliche Beratung muss man allerdings ebenso verzichten wie auf die Möglichkeit, den einen oder anderen Wein zu probieren. So bleibt die Wahl oft dem puren Zufall überlassen.

Wer die Fachberatung eines Verkäufers in Anspruch nehmen möchte, dem empfiehlt sich der Einkauf in einem *Weinfachgeschäft*. Doch für viele ist dies keine wirkliche Alternative, schließlich gelten die Preise als recht hoch, und – schwerwiegender noch – man muss wissen, was man will. Speziell die Befürchtung, dass man beim Fachhändler damit rechnen muss, angesprochen und über seine Wünsche befragt zu werden, bereitet vielen deutliches Unbehagen. Aus Sorge, die eigenen Vorstellungen nicht angemessen artikulieren zu können, belassen es viele bei einem Blick auf die ausgestellten Weine im Ladenfenster. Wer jedoch diese Schwelle einmal überschritten hat, wird in der Mehrzahl der Fälle seine Vorurteile widerlegt sehen und mit positiven Erinnerungen und einigen guten Flaschen Wein nach Hause gehen. Die Qualifikationen der hiesigen Fachhändler sind heute im Allgemeinen recht hoch, und der verstärkte Wettbewerbsdruck hat auch im Weingeschäft zu mehr Kundenorientierung und zu einfühlsameren Beratungsleistungen geführt.

Beim Fachhändler können Sie in der Regel geöffnete Flaschen probieren, dabei fachsimpeln und ihre Eindrücke mit anderen Kunden austauschen. Mit der Zeit wächst das Bedürfnis, mal wieder vorbeizuschauen, neu eingetroffene Weine zu kosten und alte Bekannte zu treffen. Immer mehr Fachhändler bieten darüber hinaus Verkostungsabende, manche sogar kleine Weinseminare an.

Der *Versandhandel* offeriert die zweifellos müheloseste Art der Weinbeschaffung. Dabei ist die Auswahl oft um ein Vielfaches größer als beim Fachhändler vor Ort. Man kann in aller Ruhe die Preise vergleichen, Bewertungen von Experten heranziehen und schließlich auswählen. Ein paar Tage später steht das Weinpaket vor der Tür. Viele Anbieter stellen auch kleinere Probepakete ohne Berechnung der Verpackungs- und Versandkosten zu. Heute verfügen insbesondere die größeren Versandhändler über einen zusätzlichen Internet-Shop, der die Möglichkeiten der multimedialen Informationsvermittlung mit einfachen und schnellen Bestellverfahren kombiniert. Daneben gibt es eine – mittlerweile nicht mehr ganz übersichtliche – Shop-Szene, die sich mit Hilfe allerlei Tricks und Kniffe um Aufmerksamkeit bemüht. Wer allerdings nicht über eine gewisse Grundsicherheit bei der Weinauswahl verfügt, wird sich ob der meist großen Sortimente schwer tun, die passenden Flaschen zu finden. Wer dagegen dem Gespräch mit dem Fachhändler aus dem Weg gehen will, wird die Nachteile (keine Beratung, keine Verkostung) des Versandhandels gerne in Kauf nehmen.

Der Einkauf beim *Winzer* ist wahrscheinlich die emotionalste Art der Weinbeschaffung. Es ist ein besonderes Erlebnis, die Menschen zu treffen, die für alle Etappen im Werden eines Weines verantwortlich sind. Ihren Erläuterungen und Kommentaren zu lauschen ist ein besonderer Genuss, und immer, wenn Sie später einen der direkt beim Winzer eingekauften Weine öffnen, werden all die Erinnerungen wach und tragen so zu einem besonders authentischen Trinkerlebnis bei. Gleichwohl ist die Auswahl stets beschränkt, und so mancher mittelmäßige Tropfen wirkt im Vergleich mit gänzlich schwachen fast wie ein kleiner Star.

Auf die *Discounter* entfallen in Deutschland 50 Prozent des Weinhandels. Die durchschnittlichen Preise liegen deutlich unter 2 Euro. Jede vierte hierzulande verkaufte Flasche stammt aus dem Hause Aldi. Wer jedoch die Mühen der Winzer kennt, einen guten Wein auf die Flasche zu bringen, der wird bei den Discountern kaum mehr als fehlerfreie, trinkbare Massenweine ohne besonderen Charakter erwarten.

Wussten Sie schon ...

- Sie sollten möglichst immer auf Vorrat kaufen und niemals die Flasche trinken, die Sie gerade erst mitgebracht haben.
- Kaufen Sie Wein, wenn Sie dazu in der Laune sind und ausreichend Zeit haben. Vergleichen Sie Preislisten verschiedener Shops und Lieferanten.
- Wenn Sie Abwechslung lieben, dann kaufen Sie keine zu großen Mengen von einer Sorte, sondern investieren Sie in Vielfalt.

31 Mein eigener Weinkeller

Jeder Weinliebhaber träumt davon: vom eigenen Weinkeller! Bevor Sie aber zur Tat schreiten, sollten Sie sich Gewissheit über die folgenden Fragen verschaffen: Wie sind Ihre Lagerbedingungen beschaffen beziehungsweise welche lassen sich ohne große Mühe und finanziellen Aufwand herstellen? Welcher Art sind Ihre Trinkgewohnheiten? Was sind Sie bereit zu investieren?

Optimale Lagerbedingungen sind schnell aufgeführt. Als ideale *Kellertemperatur* sind 11 bis 12 °C Ideal. Tatsächlich schaden aber weder 8 noch 16 °C. Wichtiger ist, dass die Temperaturschwankungen zwischen Sommer und Winter nicht allzu groß ausfallen: möglichst nicht mehr als 6 bis 7 °C. Bei einer Temperaturerhöhung um 10 °C verdoppelt sich die Geschwindigkeit aller biochemischen Vorgänge im Wein – niedrige Temperaturen schützen ihn also vor vorzeitiger Alterung. Zudem dehnt Wein sich bei hohen Temperaturen aus und zieht sich bei niedrigen wieder zusammen. Diese Kontraktionen schaden ihm, wenn er mehr als nur zwei bis drei Jahre reifen soll.

Die *Luftfeuchtigkeit* sollte bei über 70 Prozent liegen, damit der Korken frisch und vor dem Austrocknen geschützt bleibt. Ausgetrocknete Korken verlieren ihre Elastizität und damit ihre Dichtheit: Dann kann Wein aus- und Sauerstoff eintreten, und ein unkontrollierbarer Oxidationsprozess beginnt. Neuere Forschungen haben erwiesen, dass man einen Wein nicht unbedingt liegend lagern muss, um das Austrocknen des Korkens zu verhindern. Viel wichtiger ist die Luftfeuchtigkeit im Raum.

Licht fördert bei allen Lebensmitteln – so auch beim Wein – die Reifung und den langsamen Zerfall. Die meisten Weine werden zwar in farbigen Flaschen in den Verkauf gebracht, doch das bedeutet nur einen begrenzten Schutz gegen UV-Strahlen. Deshalb sollten Weine bei größtmöglicher Dunkelheit gelagert werden. Die Lagerung sollte zudem nicht in Räumen erfolgen, in denen der Wein intensiven *Gerüchen* ausgesetzt ist. Ebenso wenig bekommen ihm *Erschütterungen*.

Wichtiger noch als die Klärung der Lagerbedingungen ist die Frage, welche Weine Sie einlagern. Dazu sollten Sie einmal überschlagen, wie viele Flaschen Sie das Jahr über benötigen. Bedenken Sie dabei, dass es wahrscheinlich in der Mehrzahl schon jung gut zu trinkende Alltagsweine in einem Preissegment zwischen 5 und 12 Euro sein dürften. Überlegen Sie, wie häufig Sie Gäste bewirten, und dass zu diesen Anlässen in der Regel höherwertige, gut gereifte Weine benötigt werden. Vergessen Sie bei Ihren Berechnungen keinesfalls die Welt der Süß- und Schaumweine.

Für welche Weine Sie sich letztlich entscheiden, ist abhängig von Ihren persönlichen Präferenzen, Ihrem Temperament und auch von dem, was Sie gerne essen. In Ihrem gut ausgestatteten Weinkeller könnten dann die folgenden 330 Flaschen vorrätig sein:

- 84 Flaschen *trockener Weißwein* mit einem durchschnittlichen Lagerpotenzial von 2–3 Jahren
  - Riesling: Rheingau, Nahe und Pfalz (12 Flaschen)
  - Riesling: Elsass und Wachau (12 Flaschen)
  - Weiß-/Grauburgunder: Pfalz, Elsass und Südtirol (12 Flaschen)
  - Sauvignon Blanc: Neuseeland und Loire (12 Flaschen)
  - Chablis/Bourgogne blanc: Burgund (12 Flaschen)
  - Soave: Italien (6 Flaschen)
  - Grüner Veltliner: Österreich (6 Flaschen)
  - Silvaner: Franken (6 Flaschen)
  - Gewürztraminer: Elsass und Südtirol (6 Flaschen)
- 12 Flaschen *lagerfähige trockene Weißweine* mit einem durchschnittlichen Lagerpotenzial von etwa 8–10 Jahren
  - Meursault (6 Flaschen)
  - Riesling Große Gewächse, Smaragd (6 Flaschen)
- 96 Flaschen *Rotwein* mit einem durchschnittlichen Lagerpotenzial von 3–4 Jahren
  - Spätburgunder: Deutschland, Österreich, Burgund (24 Flaschen)
  - Rhône (12 Flaschen)
  - Blaufränkisch/Lemberger: Österreich und Württemberg (12 Flaschen)
  - Beaujolais: Burgund (6 Flaschen)
  - Bardolino/Valpolicella: Italien (6 Flaschen)
  - Vernatsch/Trollinger: Südtirol/Württemberg (6 Flaschen)
  - Zweigelt: Österreich (6 Flaschen)
  - Barbera: Italien (6 Flaschen)
  - Rioja Crianza: Spanien (6 Flaschen)
  - Nero d'Avola/Primitivo: Süditalien (6 Flaschen)
  - Shiraz: Übersee (6 Flaschen)
- 72 Flaschen *lagerfähige Rotweine* mit einem durchschnittlichen Lagerpotenzial von etwa 10–15 Jahren
  - Barolo: Italien (12 Flaschen)
  - Brunello: Italien (12 Flaschen)
  - Bordeaux: Frankreich (24 Flaschen)
  - Châteauneuf-du-Pape: Frankreich (12 Flaschen)
  - Côte Rôtie: Frankreich (6 Flaschen)
  - Cabernet Sauvignon: Kalifornien (6 Flaschen)

- 24 Flaschen *Süßweine* mit einem durchschnittlichen Lagerpotenzial von etwa 15–25 Jahren
  - Auslesen: Deutschland (12 Flaschen)
  - Beerenauslesen, TBA: Deutschland und Österreich (6 Flaschen)
  - Sauternes, Loire: Frankreich (6 Flaschen)
- 18 Flaschen *aufgespritete Weine* mit unterschiedlich langem Lagerpotenzial
  - Sherry Fino: Spanien (6 Flaschen) – jung trinken
  - Port: Portugal (6 Flaschen) – außer Jahrgangsport jung trinken
  - VDN: Frankreich (6 Flaschen) – die Besten mit Lagerpotenzial bis zu 10 Jahren
- 24 Flaschen *Schaumweine*
  - Sekt: Deutschland (6 Flaschen)
  - Champagner: Frankreich (6 Flaschen)
  - Cremant, Loire: Frankreich (6 Flaschen)
  - Franciacorta: Italien (6 Flaschen)

Wussten Sie schon ...

- Wenn Sie Ihre Weine in einem feuchten Keller lagern, können Sie die Etiketten vor dem Vergammeln schützen, indem Sie sie zum Beispiel mit einem Imprägnierungsspray schützen.
- Wenn Sie reifungsbedürftige Weine einkellern wollen, ohne einen geeigneten Keller zu besitzen, können Sie sich stattdessen auch einen Weinklimaschrank zulegen.

32 Wein temperieren – die perfekte Trinktemperatur

Der Einfluss der Servier- und Trinktemperatur auf den Geschmack des Weins kann gar nicht hoch genug eingeschätzt werden. Es mag pedantisch erscheinen, allzu viel Aufhebens darüber zu machen, doch die Temperatur macht einen entscheidenden Unterschied sowohl hinsichtlich des Aromas als auch des Mundgefühls. Das Prinzip ist einfach:

1. Je kühler ein Wein ist, desto weniger Duft verströmt er.
2. Je wärmer ein Wein ist, desto kräftiger duftet er.
3. Kühle Temperaturen betonen Säure und Tannin.
4. Warme Temperaturen betonen die Süße.

Je aromatischer ein Wein ist, um so kühler können Sie ihn servieren, ohne dass er seinen Duft ganz einbüßen wird. Deshalb eignen sich beispielsweise Riesling oder Sauvignon blanc gut zur Erfrischung. Das einfachste Mittel, um geruchliche Mängel von Weinen zu verdecken, ist, sie stark heruntergekühlt zu servieren. Auch für Schaumwein sind niedrige Temperaturen günstig, weil sie das Entweichen der Kohlensäure verlangsamen.

In körperreichen Weinen haben es die Duftmoleküle schwerer, der Flüssigkeit zu entfliehen und die Nase zu erreichen. Deshalb ist es sinnvoll, diese Weine wärmer zu servieren. Das gilt ebenso für reife und komplexe Weine. Die Obergrenze liegt bei etwa 20 Grad Celsius, weil ab dieser Temperatur manche Duftsubstanzen einfach verdampfen, das Aroma diffus und fad wirkt und der Eindruck des Alkohols vorherrschend wird.

Je kühler die Temperatur, desto stärker empfindet der Geschmackssinn herbe und bittere Töne. Ein und derselbe Rotwein schmeckt bei 22 °C scharf und dünn, bei 18 °C geschmeidig und rund und bei 10 °C hart und adstringierend (siehe dazu Kapitel 13, *Tannin – Formgeber für Rotweine*). Tanninreiche Rotweine werden deshalb bei höheren Temperaturen serviert, und nur tanninarme Rotweine können kühl getrunken werden. Niedrige Temperaturen betonen dagegen die Frische.

Aromareiche Weine, die die Fruchtigkeit der Jugend besitzen, profitieren von niedrigen Temperaturen, die vor allem ihre aromatische Frische betonen. Dagegen kommen Weine, die durch Flaschenalterung Reifearomen und Komplexität erworben haben, bei höheren Temperaturen besser zur Geltung. Subtile Komplexität und geschmeidiger Gaumenauftritt können sich bei etwa 18 °C deutlich besser entfalten.

Je höher die Temperatur, desto stärker nehmen Sie Süße wahr. Wollen Sie also die Süßeempfindung in einem Wein begrenzen, servieren Sie ihn kühl. Wenn Sie sie betonen wollen, servieren Sie ihn etwas wärmer. Generell empfiehlt es sich, Süßweine gut gekühlt auf den Tisch zu bringen.

Der wärmende Effekt des Alkohols am Gaumen wird durch niedrige Temperaturen abgeschwächt. Alkoholreiche Weine trinkt man deshalb eher kühl. Man verträgt den Alkohol eines klaren Branntweins oder eines Likörs besser, wenn sie gut gekühlt serviert werden. Dagegen wird die wärmende Wirkung bei höherer Temperatur bis zur Empfindung des Brennens gesteigert. Wenn Sie Glühwein oder einen Grog trinken, tritt der im wahrsten Sinne des Wortes „atemberaubende" Effekt der Alkoholdämpfe deutlich hervor.

Hier die wichtigsten Regeln für die Trinktemperatur im Überblick; die Serviertemperatur muss selbstverständlich je nach Raumtemperatur etwas darunter liegen:

- Körperreiche und tanninbetonte Rotweine: 16 bis 18 °C
- Leichte, tanninarme Rotweine: 14 bis 16 °C
- Volle, aromatische Weißweine, Süßweine, Rosés, Banyuls, weißer Portwein, Sherry: 11 bis 14 °C
- Leichte, frische, schäumende Weißweine: 8 bis 10 °C

Wussten Sie schon ...

- Bei einem Wein, den Sie mit einer Temperatur von 10 °C aus dem Keller holen, beträgt die Erwärmung bei Zimmertemperatur etwa 1 °C in drei bis vier Minuten.
- Die richtige Temperatur muss nicht immer die sein, die das Thermometer diktiert. Ein Rotwein kann mit 20 °C zu einem warmen Gericht gerade richtig sein, während er zu Käse ziemlich fade wäre. In der kalten Jahreszeit kann man die oben angegebene Skala ein wenig nach oben verschieben, und im Sommer ist es durchaus richtig, ein wenig kühler zu trinken.
- Zum Kühlen können Sie den Kühlschrank und den Gefrierschrank einsetzen, während zum Erwärmen im Notfall auch gegen die Mikrowelle nichts einzuwenden ist.

33 Wein dekantieren und belüften

Sehr viel kontroverser als das Temperieren werden zwei andere Maßnahmen beim Servieren von Wein diskutiert: dekantieren und belüften. Dekantieren bedeutet eigentlich das Trennen des Weines von überflüssigen Trubstoffen. Diese entstehen besonders bei Rotweinen während längerer Flaschenreifung. Die abgesetzten Teilchen stören den Weingenuss mit bitterem Geschmack und sandiger Struktur. Deshalb wird der Wein durch vorsichtiges Umfüllen in eine Karaffe von seinem Depot getrennt. Dabei kann eine Kerze oder Lampe als Lichtquelle dienen, die den dunklen Flaschenhals durchleuchtet. Im Lichtschein sehen Sie das Depot als schwarzen Strich in der Flasche. Sie können das Dekantieren rechtzeitig abbrechen, bevor die Sedimente in die Karaffe fließen.

Neben den klassischen großen Rotweinen wie Bordeaux und Brunello di Montalcino profitieren vor allem alte Portweine und Madeiras vom Dekantieren. Auch der Sauerstoffkontakt des Weines spielt dabei eine Rolle: Alte Weine können dadurch manchmal aufgefrischt werden. Dieser Effekt kann sich jedoch nach kurzer Zeit fatal ins Gegenteil verkehren, denn Sauerstoff ist der größte Feind des gereiften Weins. Deshalb sollten Sie beim Dekantieren alter Weine die so genannte „Entenkaraffe“ verwenden, die durch ihre Form nur wenig Sauerstoffkontakt zulässt, und den Wein dann zügig austrinken.

Längst nicht alle Weine vertragen das Dekantieren. Roten Burgundern und auch allen anderen Weinen aus der Spätburgundertraube sollten Sie diese Prozedur ersparen. Diese Tropfen sind hoch empfindlich. Zu viele ihrer feinen Duftstoffe entfliehen beim Dekantieren unwiederbringlich. Selbst wenn sie mitunter beachtliche Depotmengen abwerfen, ist es besser, Sie vermeiden durch sehr vorsichtiges Einschenken statt durch Dekantieren das Vermischen von Depot und Wein. Mit etwas Übung geht das recht gut. Überhaupt gilt im Zweifelsfall: Lieber nicht dekantieren!

Entwicklungsbedürftige Rotweine, die Sie vor ihrer eigentlichen Trinkreife öffnen, gewinnen in der Regel durch Belüftung, das heißt durch den Kontakt mit Sauerstoff. Hierzu verwenden Sie am besten Dekantierkaraffen, die einen möglichst großflächigen Kontakt der Luft zur Weinoberfläche gewährleisten. Diese Glaskaraffen sehen tellerminenförmig aus, sind unten sehr breit und verjüngen sich nach oben hin stark. Die Zeit im Dekantiergefäß ist abhängig von der Verschlossenheit eines Weines und kann im Extremfall bis zu 24 Stunden betragen. Wer Zeit hat, sollte sich einmal den Spaß machen, den Wein in der Karaffe zu beobachten, das heißt seine Entwicklung über einige Stunden durch regelmäßiges Probieren zu beobachten. Es ist höchst interessant, wie sich einige Weine entwickeln. Auch Weißweine, insbesondere wenn sie in kleinen, neuen Eichenfässern (Barrique) vergoren und gelagert wurden, können durch Belüftung gewinnen.

Wussten Sie schon ...

- Für ganz Eilige wird im Handel ein Dekantierausgießer angeboten, der dem Wein beim Ausgießen aus der Flasche so viel Luft zuführt, dass man sich damit das Dekantieren zum Zwecke der Luftzufuhr sparen kann.
- In einem neuartigen Glas, „Breathable Glass“ genannt, erreicht der Wein die volle Entwicklung von Bouquet und Aromen bereits nach zwei bis vier Minuten. Bisher war hierzu meist ein ein- bis zweistündiger Dekantierprozess notwendig.
- Wein und Depot können heutzutage auch weniger klassisch durch den Einsatz spezieller Siebe separiert werden.

- In den Karaffen bilden sich gerne Ablagerungen, die nur noch schwer zu entfernen sind. Abhilfe schaffen können Kukident-Tabletten oder Corega-Tabs, die beide geschmacksneutral und rückstandsfrei sind.

34 Weinaccessoires – nützlich und eine gute Geschenkidee

Weil es Freude macht, einen guten Wein würdevoll zu servieren, kann der Einsatz einiger Hilfsmittel nützlich sein und den Genuss mehren. Dem Glas ist ein eigener Abschnitt gewidmet, trägt es doch auf sehr viel entscheidendere Art zum Weingenuss bei als alles andere.

Der *Korkenzieher* ist als Hilfsmittel unverzichtbar. Es gibt ihn in den unterschiedlichsten Varianten. Vor allem in der Gastronomie beliebt ist die Ausführung „Des Kellners Freund“: Mit dem Messer wird die Kapsel abgeschnitten, die Spindel wird im Korken versenkt, der Stützfuß auf den Flaschenrand gesetzt und dann der Korken heraus gehebelt. Von der Firma Pullup’s gibt es eine sehr sinnvolle Erweiterung, nämlich ein Gelenk am Hebel. So kann man zweimal ansetzen, wodurch lange Korken (die vor allem bei hochwertigen Weinen verwendet werden) nicht so leicht abbrechen.

Aus Amerika kommt der „Screwpull“, ein überaus intelligenter Korkenzieher mit elastischer Spindel, der fast ohne jegliche Kraftanstrengung zu bedienen ist. Man dreht immer in eine Richtung, wobei zunächst die Spindel hinein- und dann der Korken heraus getrieben wird. Die professionellste und schnellste Art, den Korken aus der Flasche zu bugsieren, gelingt mit der Screwpull-Zange. Weder Kraft noch Geschicklichkeit sind nötig, um mit diesem High-Tech-Gerät erfolgreich umzugehen. Allein der hohe Preis dürfte seiner massenhaften Verbreitung entgegenstehen.

Als sehr nützlich erweist sich ein spezieller *Kapselschneider*. Statt mit einem Messer die Kapsel abzuschneiden, wird dieses kleine Hilfsmittel auf den Flaschenrand gesetzt, einmal gedreht und schon ist jede Kapsel schnell und mit einem sauberen Schnitt entfernt.

Dekantierkaraffen benötigt man im Grunde zwei: eine für junge und eine für gereifte Weine. Die für junge Weine benötigt eine große Oberfläche, um dem Wein einen größtmöglichen Sauerstoffkontakt zu gewähren; die Karaffe für gereifte Weine soll durch eine kleine Oberfläche die Gefahr eines zu intensiven Sauerstoffkontakts vereiteln. So genannte „Entenkaraffen“ erfüllen diesen Zweck am besten (siehe dazu das vorherige Kapitel *Wein dekantieren und belüften*).

Mit dem *Dekantiertrichter* geht dann das Umfüllen in die Karaffe besonders leicht, zumal das eingebaute Sieb unliebsame Schwebeteilchen gewissenhaft auffängt. Spezielle *Ausschanktüllen* helfen anschließend beim Einschenken des Weines in die Gläser. Tropfflecken gehören mit diesem Hilfsmittel der Vergangenheit an.

Nicht immer werden alle Flaschen ausgetrunken und müssen deshalb wieder verschlossen werden. Der Korken selbst ist hierfür ungeeignet: Die Seite, die tief in der Flasche steckte, passt jetzt nicht mehr, da sie sich ausgedehnt hat; die andere Seite passt zwar, ist aber oft verschmutzt. Zu diesem Zweck bieten sich spezielle *Flaschenverschlüsse* an. Wichtig ist ein Verschluss vor allem für Schaumweine, um die Kohlensäure möglichst lange zu bewahren. Der berühmte Teelöffel im Flaschenhals hilft hier nämlich nicht weiter.

Mit *Vakuumpumpen*, die den Sauerstoff aus der Flasche pumpen, ist es darüber hinaus sogar möglich, die Haltbarkeit einer angebrochenen Flasche um einige Tage zu verlängern. Generell gilt, dass Sie einen angebrochenen Rotwein spätestens am nächsten Tag, einen Weißwein nach drei bis vier Tagen austrinken sollten. Bis dahin sollten sie im Kühlschrank gelagert werden. Neuerdings wird im Handel ein lebensmittelechtes *Stickstoffgas* angeboten, das man in die Flasche sprüht. Es ist schwerer als Sauerstoff und verdrängt ihn deshalb. Beim nächsten Ausschenken wird es dann wiederum vom Wein verdrängt.

Um Weiß- und Schaumweine auf die richtige Temperatur zu bringen, gibt es keine bessere Methode, als die Flasche in einen mit Eiswürfeln und Wasser gefüllten *Sektkühler* zu stellen. Das Wasser leitet die Wärme der Weinflasche in kürzester Zeit ab. Nur der Flaschenhals bleibt ein wenig wärmer. Zum Kühlen können auch *Kühlmanschetten* verwendet werden, die im Eisfach einsatzbereit gehalten werden. Für alle, die die Trinktemperatur ihrer Weine exakt kontrollieren möchten, gibt es zudem spezielle *Thermometer*. Ihr Einsatz im Restaurant kann jedoch als Unhöflichkeit empfunden werden.

35 Weingläser – mehr als nur Optik

Wein trinkt sich am schönsten aus Gläsern – nicht aus Teetassen oder Silberpokalen. Erst das Glas bringt ihn so richtig zur Geltung. Je nach Form und Material kann es die Entfaltung der Aromen fördern, den Gaumenauftritt versüßen und das ästhetische Trinkerlebnis steigern.

Verwenden Sie völlig einfaches, ungefärbtes, unverziertes, ungeschliffenes und möglichst dünnes Glas – dann haben Augen, Nase und Gaumen den ungetrübtesten Eindruck vom Wein. Es sollte einen Stiel haben, damit Sie es fassen und schwenken können, ohne die Temperatur des Weines zu beeinflussen und den Kelch zu beschmutzen.

Es ist heutzutage möglich, für jeden beliebigen Wein das passende Glas einzusetzen. Aber das ist nicht nötig: Jedes Glas, das den genannten Kriterien einigermaßen entspricht, ist als Weinglas geeignet. In den meisten Haushalten genügt deshalb zum Einstieg ein einziges Modell, vielleicht ergänzt durch kleinere Gläser für Süßwein und einen Kelch für Schaumwein.

Puristen finden freilich für jeden beliebigen Wein ein besonderes Glas. Sie trinken leichte, junge Rotweine bevorzugt aus weniger voluminösen Gläsern mit nicht allzu hohem Kelch, denn gerade diese konzentrieren die feinen Fruchtnoten und bringen schlanke Rotweine besser zur Geltung. Dunkle, samtige Rotweine besitzen dagegen meistens ein gut strukturiertes, üppiges Aroma. Um es freizusetzen, braucht der Wein genügend Oberfläche. Ein passendes Glas ist deshalb eine bauchig ausgeweitete Tulpe. Kommt ein hoher Alkoholgehalt hinzu, profitiert der Wein von einem hohen Kamin, damit das Äthanol nicht allzu aufdringlich in die Nase steigt. Tanninbetonte und extraktreiche Rotweine gewinnen in einem großvolumigen Glas mit hohem Kamin, weil sie darin ihre Komplexität besonders gut entfalten können.

Ob groß oder klein, Weingläser sollten höchstens zu einem Drittel gefüllt werden, denn nur dann kann sich das Aroma ausbreiten und seine optimale Wirkung entfalten. Dazu schwenkt man das Glas, damit der Wein die obere freie Glasfläche innen im Kelch benetzen kann. An dieser ablüftenden Glasfläche kann dann die „Nase" genommen werden, also der Geruchseindruck vom Wein. Ein zu volles Glas hat hingegen zu wenig freie Glasfläche, der Wein hat zu geringen Luftaustausch im Glas, und darunter leidet dann auch der Geruchseindruck.

Auch der Glasrand hat Einfluss auf das Geschmackserlebnis: Er sollte dünn, perfekt geschliffen und nicht zu dick gerundet sein (Rollrand). Der Rand sollte dem Wein bei der Aufnahme in den Mund das schnelle und gleichmäßige Benetzen der Zungenoberfläche ermöglichen – möglichst mit einem kleinen Schluck, damit man von dem Wein lange etwas hat. Die Zunge ist auf ihrer Oberfläche in Regionen aufgeteilt, die für unterschiedliche Geschmacksempfindungen verantwortlich sind. Das perfekte Weinglas berücksichtigt das und leitet den Wein auf die jeweils optimale Zone der Zunge, um den wichtigen ersten Geschmackseindruck positiv zu gestalten. Insofern ist die Glasform essenziell für den Weingenuss. Diese Zusammenhänge von Glasform und Geschmackswahrnehmung erkannte der österreichische Glasdesigner Claus Josef Riedel (1925–2004) als erster und setzte diese Erkenntnisse in seine revolutionäre Glasserie „Sommeliers" um. Diese Serie wurde die Urmutter aller „weingerechten" Gläser und wird mittlerweile weltweit anerkannt und vielfach imitiert.

Ein Bleikristallglas bietet dem Wein durch die offenporigere Materialbeschaffenheit eine größere Benetzungsoberfläche und lässt ihn stärker als bei Kristallgläsern an der Glaswand haften. Das spielt für die Wahrnehmung durch die Nase eine merkliche Rolle, da der Wein hier intensiver „abdampfen" kann.

Eine andere Besonderheit gibt es bei Sekt- und Champagnergläsern: Hier wird in der Produktion innen bewusst ein kleiner Fehler erzeugt, nämlich ein angegossener Punkt oder eine angeschliffene Stelle am Boden abseits der Mittelachse. An dieser Stelle setzen sich die Kohlensäurebläschen ab und steigen von da aus als „Schnur" zur Glasoberfläche auf. Die traditionellen Sektschalen sind für den Schaumweingenuss hingegen eher ungeeignet.

Zu reinen Verkostungszwecken existieren auch spezielle Weingläser. Das berühmteste unter ihnen ist französischen Ursprungs und trägt den Namen „l'Impitoyable", das „Unbestechliche". Der Kelch dieses Glases ist so eng geschlossen und spitz fokussiert, dass die Gasmoleküle des Weines förmlich gebündelt in die Nase schießen – da bleibt dem Fachmann nicht der geringste Weinfehler verborgen.

Wussten Sie schon ...

- Weingläser sollten in etwa die Temperatur haben, die auch für den Wein richtig erscheint.
- Weingläser sollten warm mit wenig Spülmittel gespült, mit warmem klaren Wasser von den Resten des Spülmittels befreit und dann mit einem sauberen Leinentuch oder einem Mikrofasertuch abgetrocknet werden. Zuletzt stellt man sie – gegen Staubeinwirkung am besten mit der Öffnung nach unten – in einen sauberen Schrank.

- Da sich Ausdünstungen eines Holzschrankes im Glas festsetzen können, empfiehlt es sich, entsprechend gelagerte Gläser vor dem Genuss mit kaltem Wasser abzuspülen und dann zu avinieren, also kurz mit Wein auszuschwenken.

36 Flaschenverschlüsse – Kork und seine Alternativen

Flaschen, in denen Wein transportiert und gelagert wird, müssen gut verschlossen sein, um die schädliche Berührung mit Sauerstoff gering zu halten. Solange der Wein noch in Fässern den Besitzer wechselte, war er mit einem Holzstopfen verschlossen. Die Entwicklung der Glasflasche im 17. Jahrhundert erforderte dann jedoch neue Verschlussmethoden. Zunächst waren spezielle Glasstopfen gebräuchlich. Doch schon bald setzten sich die preiswerteren und flexibleren Naturkorken durch, die seit nunmehr über 200 Jahren die wichtigsten Flaschenverschlüsse sind.

Kork entstammt der Rinde der Korkeiche, die man von Stamm und dicken Ästen abziehen kann, ohne dass es dem Baum schadet. Korkeichen gedeihen auf sandigem, kalkfreiem Boden bei Niederschlagsmengen zwischen 400 und 800 Millimetern, Temperaturen von niemals unter minus 5 Grad Celsius und in Höhen zwischen 100 und 300 Metern. Dadurch sind die Korkeichenvorkommen auf die Küsten des westlichen Mittelmeers beschränkt. Portugal ist heute das Zentrum der Korkerzeugung in der Welt.

Erst ab einem Alter von 25 Jahren verfügt die Korkeiche über eine genügend dicke Rinde, um industriell verwertbaren Kork abzugeben. Geschält wird in den Sommermonaten, und zwar – so schreibt das es Gesetz vor – höchstens alle neun Jahre. Die Vorteile dieses Materials sind bestechend: Es ist leicht, elastisch, reaktionsneutral, ein schlechter Wärmeleiter und für Gase und alle gängigen Flüssigkeiten undurchlässig. Diese Qualitäten machen Kork zu einem begehrten Werk- und Dämmstoff und zum perfekten Flaschenverschluss.

Bis er allerdings eine Weinflasche verschließen darf, sind weitere Verarbeitungsschritte notwendig. Die geschälten Korkplatten lagern zunächst für mindestens neun Monate und werden anschließend gekocht. Nach einer weiteren Lagerphase werden die Flaschenkorken herausgestanzt, in einer Chlorlösung desinfiziert und nach Güteklassen sortiert. Die einfachsten erhältlichen Qualitäten sind so genannte Presskorken, die aus Korkpartikeln zusammengepresst und verleimt werden. Die beste Qualität ist die mit der geringsten Maserung. Ein langer Korken dieser feinen Güteklasse kostet oft das fünf- bis achtfache eines kurzen Presskorkens.

Guter Kork schützt einen Wein dauerhaft vor Oxidation und liefert dem Konsumenten zudem ein wunderbares Ritual: das Entkorken. Die Menschen in der ganzen Welt haben sich so sehr daran gewöhnt, dass sie sogar geschmackliche Beeinträchtigungen des Weins durch den Korken in Kauf zu nehmen scheinen und Alternativverschlüsse nur zögernd akzeptieren.

Tatsächlich ist heute etwa jede zwanzigste Flasche grob fehlerhaft. Dabei ist das nur die Spitze des Eisbergs. Hinzu kommen eine Vielzahl versteckter Beeinträchtigungen, die oft nur sehr vage zu erkennen sind. Die Weinproduzenten befürchten zu Recht, dass diese schwachen und daher unbemerkt gebliebenen Korkfehler unterschwellig das Trinkvergnügen mindern, weil ein betroffener Wein natürlich nicht die saubere Fruchtigkeit eines gänzlich fehlerfreien Exemplars besitzt. Die Neigung des Kunden, so einen Wein noch einmal zu kaufen, wird dann abnehmen (zu Weinfehlern durch Kork siehe das Kapitel 17, *Wie Sie Weinfehler erkennen*).

Die Suche nach Alternativen zum Kork ist in vollem Gange. Vier Verschlussvarianten haben es inzwischen bis zur Anwendungsreife gebracht:

- Kunststoffkorken
- Schraubverschluss
- Kronkorken
- Glasstopfen (VinoLok)

Die *Kunststoffkorken* sind wie die Naturkorken innen abdichtende Stopfen. Der Kunststoff kann dabei aus verschiedenen Ausgangsmaterialien gefertigt werden. Die industrielle Fertigung sorgt für niedrige Stückkosten, sodass die Kunststoffkorken deutlich preiswerter als Naturkorken sind. Die Optik ist beliebig wählbar, vom Korkfarbton bis zu schrillen Farben ist jede Nuancierung möglich. Hinzu kommt eine hohe Akzeptanz beim Verbraucher, der womöglich gar nicht merkt, dass er keinen Naturkorken aus der Flasche zieht. Die Lagerfähigkeit der mit Kunststoff verschlossenen Weine gilt als gering, ein dauerhafter Oxidationsschutz ist nicht gegeben. Das Material verliert mit der Zeit seine Elastizität und in der Folge seine Dichtheit. Zudem ist inzwischen nachgewiesen, dass sowohl eine geruchliche wie auch geschmackliche Beeinflussung durch den Kunststoff erfolgt: Häufig ist ein deutlicher Eigengeruch nach Kunststoff feststellbar. Insbesondere bei liegender und warmer Lagerung schneidet der Kunststoffkorken deutlich schlechter ab als alle anderen Varianten.

Der *Schraubverschluss* ist eigentlich nicht neu, sondern wird seit mehr als 80 Jahren für Getränke eingesetzt. Seit 1965 gibt es gasdichte Schraubverschlüsse, doch erst heute scheint die Zeit gekommen zu sein, dem Naturkork den Rang abzulaufen. Alle verfügbaren Langzeitstudien haben sehr gute Resultate erbracht. Unter dem Markennamen „Stelvin" wird zudem ein Produkt mit attraktiver Optik und langer Kapsel angeboten, mit dem es mittelfristig gelingen sollte, Vorbehalte beim Kunden auszuräumen. Die Akzeptanz dürfte zukünftig weiter steigen, da immer mehr Top-Produzenten in aller Welt diese Schraubverschlüsse verwenden.

Eher ein Nischendasein fristet der *Kronkorken*, auch wenn einige renommierte deutsche Erzeuger mutig vorangehen. Er hat sich bei vielen anderen Getränken und auch bei der langjährigen Lagerung von Champagner bestens bewährt. Technisch ist dieser Verschluss also absolut auf der Höhe der Zeit und scheint sogar, wenn man ersten Langzeitstudien folgt, eine besonders behutsame und reintönige Reifung der Weine zu gestatten. Mittlerweile ist sogar ein spezieller Kapselheber verfügbar, mit dem der Kronkorken nicht nur komfortabel abzulösen ist, sondern ebenso mühelos wieder aufgesetzt werden kann.

Der *Glasverschluss* ist eine Erfindung von Karl Matheis aus Alzey. Nach langen Versuchsphasen wurde er zum Jahrgang 2004 zur Anwendung freigegeben und findet mittlerweile immer mehr Anhänger. Der Verschlusskörper besteht aus gepresstem und gegen Mikrorisse versiegeltem Glas, die Dichtung aus einem genau angepassten Profilring aus PVC. Von außen fixiert eine Aluminiumkappe den Glasstopfen. Der Glasverschluss besticht durch seine hochwertige Optik. Die Kontaktfläche zwischen Wein und Dichtung ist kleiner als bei anderen Verschlusstypen. Dadurch verringert sich das Risiko, dass aus dem Dichtungsmaterial Fremdgerüche in den Wein gelangen können. Die Stückkosten liegen nur unwesentlich höher als beim Naturkork, allerdings muss die Flasche im Hals sehr präzise gearbeitet sein, um einen wirksamen Verschluss zu gewährleisten.

Wussten Sie schon ...

- Da viele Verbraucher das vom Korken gewohnte „Plopp" beim Öffnen der Flasche vermissen, gibt es inzwischen einen Schraubverschluss, der genau diesen Ton nachahmt. Der „Zorc" genannte Verschluss findet in Europa allerdings noch keine Anwendung.

Party- und Festtagsweine – auf Anlass, Gäste und Speisen kommt es an

37

Gäste zu bewirten, ist nicht nur eine wunderbare Demonstration von Gastfreundschaft, sondern auch eine Gelegenheit, Dankeschön zu sagen. Ob der Abend ein Erfolg und für alle Beteiligten zu einem wunderbaren Erlebnis wird, ist nicht zuletzt davon abhängig, ob Ihnen die feine Abstimmung von Anlass, Auswahl der Gäste, Speisen und Getränken gelingt. In der Regel steht der Anlass als erstes fest, dann entscheiden Sie, wen Sie zum Mitfeiern einladen, Sie legen die Speisekarte fest und suchen schließlich die passenden Weine aus. Möglich ist jedoch auch der umgekehrte Ansatz: Sie wissen, welche Weine Sie trinken wollen, wählen dazu die passenden Gerichte, dann suchen Sie sich die Menschen, mit denen Sie dieses Event feiern möchten und stellen schließlich das Ganze unter ein Motto. Egal wie Sie es machen – Sie sollten Ihren eigenen Stil zelebrieren.

Die Auswahl der passenden Weine zu *festlichen Anlässen* kann sehr viel Freude bereiten. Es sind die besten Gelegenheiten, die besonderen Weine dieser Welt zum Zuge kommen zu lassen. Wenn Sie ein großzügiges Budget zur Verfügung haben, sollten Sie unbedingt einmal versuchen, zu jedem Gericht einen anderen Wein zu servieren. Halten Sie sich bei diesen Anlässen am besten an die Klassiker: Zum Aperitif wählen Sie einen Champagner; zu den Vorspeisen und zum Fisch liegen Sie mit den Weißweinen aus Deutschland und Frankreich immer richtig; zum Fleischgang kommen sowohl französische Rotweine aus Bordeaux, Burgund und dem Rhône-Tal als auch italienische aus dem Piemont oder der Toskana sowie spanische aus den Gebieten Rioja und Ribera del Duero in Frage; wenn Sie vor der Nachspeise noch als kleinen Höhepunkt einen Käsegang einplanen, sollten zwei bis drei Sorten genügen: Klassisch wären Camembert, Comté und Roquefort in Begleitung eines kräftigen, nicht gänzlich trockenen Gewürztraminers aus dem Elsass; zum Dessert schließlich schlägt die Stunde vor allem der süßen und edelsüßen Vertreter aus Deutschland und Frankreich.

Aber das bedeutet nicht, dass Sie sich streng danach richten müssen. Trauen Sie sich, edle Überseeversionen statt europäischer Klassiker zu präsentieren – einen Clare Valley Riesling statt eines elsässischen, einen Marlborough Sauvignon blanc statt eines Pouilly-Fumé, einen Pinot Noir aus Oregon statt eines roten Burgunders, einen reifen argentinischen Malbec statt eines St-Émilion. Solche Alternativen sind oftmals auch bei der Auswahl der Weine im Restaurant bedenkenswert.

Zum *Hochzeitstag* bietet sich ein Jahrgangswein aus dem Hochzeitsjahr an. Zur Silbernen Hochzeit kommen dann nur noch Vintage Ports, Madeiras, die besten Bordeaux und zum Dessert der eine oder andere edelsüße Weißwein in Frage. Die Hochzeit des eigenen Kindes bietet Gelegenheit, Weine zu präsentieren, die im Geburtsjahr der Braut beziehungsweise des Bräutigams entstanden sind und seit nunmehr vielen Jahren in Ihrem Keller reifen durften. Wohl dem, der rechtzeitig vorgesorgt hat!

Für runde Geburtstage gilt, was bereits für Hochzeitsweine gesagt wurde. Aber welchen Wein halten Sie für die normale *Geburtstagsparty* bereit? Ist es Winter und Sie haben ein kleines Büfett mit warmen und kalten Gerichten aufgebaut, sollten Sie für Ihre Gäste mindestens zwei verschiedene Weine bereit halten: einen nicht allzu leichten und säurebetonten Weißwein und einen mittelschweren, aber nicht allzu tanninbetonten Rotwein. Ideal als Weißwein wären eine Grauburgunder Spätlese vom Kaiserstuhl oder ein Pinot Gris aus dem Elsass, ideal als Rotwein wäre eine Rioja Reserva, ein Spätburgunder von der Ahr oder ein guter Barbera d'Asti aus dem norditalienischen Piemont. Mit dieser Auswahl werden Sie sowohl die Laien als auch die etwas ambitionierteren Weinfreunde zufrieden stellen.

Findet die Geburtstagsparty im Sommer im Freien statt, sollte die Weinauswahl eine ganz andere sein. Sonne, Wärme und der geringste Windhauch vertreiben die Weinaromen, noch bevor Sie auch nur die Chance hatten, Ihre Nase in die Nähe des Glases zu bringen. Wählen Sie deshalb Weine mit kräftigen Aromen. Schwer – im Sinne von alkoholreich – sollten sie jedoch auf keinen Fall sein. Hoher Alkoholgehalt macht an heißen Tagen wenig Freude, ebenso hoher Tanningehalt. Tanninarme Rotweine, die kühl serviert werden, kommen gut zur Geltung. Pinot Noir oder Cabernet Sauvignon aus einer Überseeregion sind sicherlich immer eine gute Wahl. Ins Auge fassen sollten Sie auch die jungen Roten von der Loire, Südtiroler Vernatsch und selbstverständlich Beaujolais. Auf dem Feld der Weißweine können sich vor allem die aromatischen und zugleich säurebetonteren gut in Szene setzen. Prima zurechtkommen werden Sie auf jeden Fall mit Sauvignon blanc, Riesling, Viognier, Scheurebe und Albarino, aber auch Pinot Grigio und Chardonnay können gute Dienste tun. Denken sollten Sie auch an trockenen Rosé zum Beispiel aus der Provence, Österreich oder Deutschland. Sorgen Sie in jedem Fall für eine ausreichende Kühlung der Weine.

Wird *Gegrilltes* serviert, dürfen die ausgeschenkten Weine kräftiger, würziger und tanninreicher sein. Kalifornischer Zinfandel, Carmenère aus Chile oder australischer Shiraz sind hier eine gute Wahl. Aus heimischen Gefilden kommen Lemberger und – wenn es ein guter Vertreter ist – auch Dornfelder in Frage.

Bars und Restaurants – Wein auswärts genießen

38

Zur Freude aller Weinfreunde trifft man heute immer öfter auf *Bars*, die durch ihr freundliches, helles und rauchfreies Ambiente dazu einladen, ein Glas Wein zu genießen. Vor allem in größeren Städten haben sich in den vergangenen Jahren einige vorzügliche Weinbars etablieren können, die zum Teil mit sehr guten und umfangreichen Weinkarten aufwarten. Nach dem Vorbild der italienischen *Enoteca* werden hier zu vergleichsweise moderaten Preisen Weine in den unterschiedlichsten Qualitätssegmenten zu kleinen und größeren Gerichten ausgeschenkt. Viele sind sogar glasweise in 0,1 Liter-Einheiten zu bekommen und laden somit dazu ein, einmal so richtig auf Verkostungstour zu gehen.

Wenn Sie klassisch beginnen wollen, wählen Sie einen Schaumwein. Das belebt und entspannt zugleich. Weil es langweilig ist, immer wieder auf einen Prosecco zurückzugreifen, rate ich zu einem Franciacorta vom norditalienischen Iseosee – ein absoluter Geheimtipp. Oder probieren Sie einen der fruchtig-vitalen Vertreter aus Neuseeland. Natürlich geht auch zum Auftakt ein erfrischender Weißwein, doch achten Sie darauf, dass der Alkoholgehalt nicht schon zu Beginn allzu hoch liegt. Moselriesling mit dezenter Süße und belebender Säure ist zu diesem Zweck eine Offenbarung und so gut wie allem, was sich Pinot Grigio nennt, um Längen überlegen. Haben Sie sich Oliven, eingelegte Sardellen mit Knoblauch und vielleicht noch ein paar pikante Gemüsespieße bestellt, dann haben Sie eigentlich nur eine Wahl: Nehmen Sie einen Fino- oder Manzanilla-Sherry, und schon entsteht im Handumdrehen der Zauber mediterraner Gelassenheit.

Sind Sie gekommen, um einfach mal mit einem Freund oder einer Freundin ein gutes Gespräch zu haben und – eher nebenbei – ein Gläschen Wein zu genießen, dann ist ein unkomplizierter Weißwein, etwa ein Soave oder Verdicchio aus Italien, gerade recht. Soll es ein Roter sein, sind Sie mit einem Valpolicella oder Barbera immer auf der sicheren Seite, denn sie sind eigentlich stets gut trinkbare, angenehme Begleiter ohne allzu große Allüren, sich in den Mittelpunkt zu drängen. Vergessen Sie nie, reichlich Mineralwasser zum Wein zu trinken.

Haben Sie ein *Restaurant* betreten, um zu speisen, wird Ihre Weinauswahl eine ganze Reihe weiterer Überlegungen zu berücksichtigen haben. Zunächst einmal gilt es, sich zu vergegenwärtigen, dass die Weinpreise in der hiesigen Gastronomie gesalzen sind. Meist wird das Drei- oder Vierfache der Großhandelspreise verlangt. Diese Kalkulation hat leider zur Folge, dass Sie von einer Flasche für 20 Euro nicht allzu viel erwarten dürfen. Aber für das Doppelte reicht eben das Budget bei weitem nicht immer. Wäre da nicht im Sinne einer höheren Kundenzufriedenheit eine moderatere Weinkalkulation bedenkenswert?

Wenn Sie mehrere Gänge oder gar ein komplettes Menü essen möchten, stellt sich die Frage, ob Sie eine ganze Flasche oder lieber mehrere Gläser von einem offenen Wein bestellen. Oftmals ist die Auswahl an offenen Weinen sehr beschränkt und auch auf die unteren Qualitäten begrenzt. Dennoch sind sie vielleicht einen Versuch wert. Beginnen Sie mit einem Glas Weißwein zur Vorspeise, lassen Sie einen Rotwein zur Hauptspeise folgen und beschließen Sie das Menü mit einem Süßwein zum Dessert. Ziehen Sie es dagegen vor, die gesamte Speisenfolge von einem einzigen Wein begleiten zu lassen, achten Sie darauf, dass dieser vor allem gut mit dem kräftigsten und geschmacklich intensivsten Gericht harmoniert.

Sie sollten auf jeden Fall von der Möglichkeit Gebrauch machen, den Service, die Sommeliers oder den Küchenchef nach passenden Weinen zu Ihren Bestellungen zu befragen. Niemand weiß besser als sie, wie die einzelnen Gerichte zubereitet, welche Saucen gereicht und welche Gewürze verwendet werden. Zumindest in allen seriösen Häusern ist es deshalb ratsam, ihren Empfehlungen zu folgen.

Haben Sie sich für Flaschenwein entschieden, kommt nun das große Probierritual auf Sie zu. Der Kellner bringt die Flasche an den Tisch und präsentiert das Etikett, damit Sie überprüfen können, ob es sich tatsächlich um den Wein handelt, den Sie bestellt haben. Ist Ihnen genau an dem speziellen Jahrgang gelegen, den Sie bestellt haben, dann schauen Sie jetzt genau hin, denn viele Restaurants halten ihre Weinkarten nicht auf dem neuesten Stand, sodass die aufgeführten Jahrgänge nicht mit den ausgeschenkten übereinstimmen. Gegebenenfalls ändern Sie Ihre Bestellung.

Nun schenkt Ihnen der Kellner einen Schluck zum Probieren ein, und es ist an Ihnen zu beurteilen, ob der Wein die richtige Temperatur hat und sich in einem guten Zustand befindet. Rufen Sie sich das Kapitel über Weinfehler in Erinnerung! Haben Sie Zweifel an der einwandfreien Verfassung des Weins, zögern Sie nicht, ihn zurückzugeben. Aber bedenken Sie: Zurückweisen können Sie ihn nur dann, wenn er einen Fehler hat – und nicht etwa deshalb, weil er Ihnen nicht schmeckt.

Noch ein Wort zum Nachschenken: Seien Sie auch hier selbstbewusst und lassen Sie nur dann nachschenken, wenn Sie es wirklich wünschen. Was als Aufmerksamkeit getarnt ist, entpuppt sich leider allzu oft als gedankenlose Routine, oder schlimmer noch: als Versuch, Sie zum schnelleren Trinken zu veranlassen.

Haben Sie schon einmal Ihre eigene Flasche Wein mit in ein Restaurant gebracht, um sie dort zu trinken? Diese hierzulande noch recht unbekannte Option nennt man „Bring your own bottle“. Für jede mitgebrachte Flasche zahlen Sie ein so genanntes Korkgeld von etwa 10 Euro als Pauschale für die Bereitstellung der Gläser und den Service. Das sind faire Konditionen, denn eine bessere Möglichkeit, Ihre Lieblingsweine zu den Gerichten des Restaurants zu genießen, gibt es nicht. Ich persönlich halte es immer so, dass ich den Gastronomen oder Küchenchef zu einem kleinen Gläschen einlade. Das ist nicht nur eine gute Gelegenheit, ein paar Gedanken zur gerade verkosteten Kombination auszutauschen, sondern Sie können zudem Kontakte pflegen und sich sogleich für das wunderbare Essen und die Möglichkeit bedanken, Ihren eigenen Wein mitzubringen.

Weinproben in geselliger Runde – die Freude am Genuss teilen 39

Wenn es in Ihrem Freundes- und Bekanntenkreis Menschen gibt, die mit Ihnen die Freude am Wein teilen, gibt es kaum eine spannendere und lustvollere Unternehmung als eine gemeinsame Weinprobe. Wie Sie dieses gesellige Beisammensein organisieren und ob Sie die Verkostung einem Motto oder Thema unterstellen wollen, bleibt ganz alleine Ihnen überlassen. Ein paar Tipps können die Sache jedoch erheblich vereinfachen.

Sie sollten das Ereignis etwas vorbereiten: Halten Sie für jeden Teilnehmer mindestens zwei gleich große, sauber geputzte Gläser bereit. Stellen Sie ein paar Flaschen mit stillem Mineralwasser, etwas Weißbrot und Salzgebäck sowie ein paar Krüge zum Ausspucken auf den Tisch. Vielleicht möchten sich einige Ihrer Gäste Notizen machen, damit sie ihre Eindrücke beim Verkosten nicht vergessen. Legen Sie also Papier und Stifte zum Schreiben bereit. Begrenzen Sie die Probe auf maximal acht bis zehn verschiedene Flaschen, sonst verlieren Ihre Gäste leicht den Überblick.

Kommen Menschen zusammen, die sich gerade erst an Wein herantasten, sollten Sie eine Probe zusammenstellen, die nicht zu teuer und anspruchsvoll ist, aber gleichzeitig eine möglichst große geschmackliche Vielfalt repräsentiert. Sind nämlich die stilistischen Unterschiede der Weine breit gestreut, fällt es allen sehr viel leichter, diese Unterschiede zu erkennen und zu benennen – und ganz bestimmt findet dann am Ende auch jeder seinen Lieblingswein.

Wählen Sie Weine mit markanter Stilistik, etwa einen Sauvignon blanc und einen Muskateller, einen Gewürztraminer und einen Chardonnay aus dem Barriquefass. Das sind allesamt Weine, an denen sich Kontroversen entfachen, die der eine heiß und innig liebt, der andere aber lieber meidet. Probieren Sie die Weine in einem ersten Durchgang solo, und schauen Sie dann anschließend, wie sie sich verändern, wenn sie eine bestimmte Speise begleiten. Das ist oft sehr lehrreich, denn häufig büßen die attraktivsten Solisten zum Essen ihr Format ein und wirken plötzlich schwächlich, und umgekehrt blühen Weine, die als Solisten eher unauffällig daherkommen, zu einem Gericht plötzlich auf und zeigen sich von einer ganz anderen Seite.

Bereiten Sie die Verkostung hingegen für erfahrene Weinkenner vor, so sollte die Aufmerksamkeit auf die feineren Unterschiede gerichtet werden. Es macht deshalb Sinn, Weine nach bestimmten Themen auszuwählen: Weine aus einer Rebsorte und einem Jahrgang, aber aus verschiedenen Anbaugebieten; Weine aus einem Anbaugebiet und einem Jahrgang, aber von verschiedenen Erzeugern; oder Weine von einem Erzeuger aus verschiedenen Jahrgängen. Zusätzliche Spannung kommt auf, wenn Sie ankündigen, dass Sie einen „Piraten" – also einen Wein, der eigentlich nichts in der von Ihnen aufgebauten Verkostungsreihe verloren hat – eingeschmuggelt haben. Und schließlich: Verhüllen Sie die Weine und versehen Sie sie jeweils mit einer Nummer. Denn nur wenn Sie die Weine „blind" ausschenken, werden Ihre Gäste ihnen mit der größtmöglichen Unvoreingenommenheit begegnen, und nur wenn sich Ihre Runde in eine Gruppe konzentrierter Weindetektive verwandelt, kann jene knisternde Spannung entstehen, die keiner Ihrer Gäste jemals wieder vergessen wird.

Die Redaktion der Weinzeitschrift *Merum* hat ein geniales und zugleich ungemein lustvolles Prinzip für Weinproben in geselliger Runde etabliert: Es gibt reichlich Wein und dazu ebenso reichlich gutes Essen, jeder trinkt die Weine, die er am liebsten mag, und am Schluss wird mit dem Maßband gemessen, wie viel Wein noch in den Flaschen übrig geblieben ist. Dann gilt: Je leerer die Flasche, desto besser der Wein (JLF). Damit die besten Weine auch wirklich ermittelt werden können, sind Spucken und Auskippen der Gläser streng verboten. Was man sich in die Gläser gießt, muss ausgetrunken werden. Verpönt ist deshalb auch ungefragtes gegenseitiges Einschenken.

Wer einen JLF-Abend organisieren will, sollte abschätzen, wie viele Mittrinker anwesend sein werden. Halbabstinente Begleiter und Begleiterinnen sollten für die Berechnung der Flaschenzahl außer Acht gelassen werden. Die Erfahrung zeigt, dass man für acht voll zählende

JLF-Teilnehmer acht möglichst verschiedenartige Flaschen (zum Beispiel moderner und traditioneller Stil, verschiedene Sorten oder Provenienzen) öffnen sollte. Mindestens ein gemeinsamer Nenner – der Jahrgang zum Beispiel, die Traubensorte oder die Herkunft – sollte vorab festgelegt werden.

Es empfiehlt sich, die Teilnehmer die Weine bereits vor dem Essen probieren zu lassen, allerdings nur jeweils ein winzig-kleines Schlückchen (Spucken ist ja verboten). Die Flaschen werden anschließend auf dem Esstisch verteilt, und jeder darf von den Weinen trinken, die ihm gefallen. Jeder bedient sich selbst, erst nur ganz wenig von jedem Wein, dann mehr von seinen Favoriten. Egoistisches Wegtrinken ist ausdrücklich erlaubt! Gegenseitiges Beeinflussen auch.

Dem Gastgeber sei empfohlen, den „Test“ abzubrechen oder zumindest zu unterbrechen, wenn ein Viertel oder ein Drittel der Flaschen leer ist und die Gäste beginnen, sich langsam über die Weine ihrer zweiten Wahl herzumachen. In diesem Moment misst der Gastgeber mit dem Metermaß die Weinreste in den Flaschen und hält das Resultat in Zentimetern fest, und es gilt: Je leerer die Flasche, desto besser der Wein!

40 Weinseminare beim Profi – die verschiedenen Anbieter

Weinwissen mehrt den Genuss. Es trägt dazu bei, Wein besser zu verstehen, bewusster zu erleben und intensiver zu genießen. Es macht Lust auf Wein, stärkt die Kompetenz im Umgang mit diesem faszinierenden Getränk und hilft, das sinnlich Erlebte und die vielschichtigen Eindrücke von Nase und Gaumen sprachlich auszudrücken. Diese Einsichten haben sich in den vergangenen Jahren in fast allen hoch entwickelten Gesellschaften weit über den engen Kreis der sozialen Oberschichten hinaus durchgesetzt und zur Herausbildung eines eigenständigen Marktes für Weinwissen geführt – zunächst in Form von Weinliteratur, später auch in Form von Weinseminaren.

Der große Vorteil von Weinseminaren gegenüber der Buchlektüre besteht vor allem im Erlebnischarakter. Man geht außer Haus, trifft auf Gleichgesinnte, kann sich von den Ausführungen des Kursleiters inspirieren lassen, kann Fragen stellen, diskutieren und natürlich gemeinsam Wein verkosten. Und wenn Sie Glück haben, finden Sie ein Kursangebot, das haargenau auf Ihre Interessen zugeschnitten ist: eine reine Anfängerveranstaltung oder einen Weinsensorik-Workshop, ein Rot- oder ein Weißweinseminar, ein Kurs zu Ihrer Lieblingsrebsorte oder über ein Anbaugebiet, das Sie in Ihrem nächsten Urlaub bereisen wollen.

Noch Mitte der 90er Jahre war das Angebot an Weinseminaren äußerst spärlich. Seit dieser Zeit hat sich der Markt sehr dynamisch entwickelt und ist bis heute auf etwa 4.000 Veranstaltungen im Jahr angewachsen. Größter Anbieter sind in Deutschland die *Volkshochschulen* mit einem jährlichen Angebot von über 1.000 Kursen und etwa 10.000 Teilnehmern. Die angebotenen Themen sind breit gestreut, wenngleich die Einführungsveranstaltungen überwiegen. Die Qualität der Kurse ist stark abhängig von den jeweiligen Referenten und ihren Arbeitsbedingungen.

Nach vorsichtigen Schätzungen dürften sich die Angebote des *Fachhandels* ungefähr in der gleichen Größenordnung bewegen. Sie finden in der Regel in den Verkaufsräumen des Händlers statt und werden auch von ihm durchgeführt. Die Qualität ist unterschiedlich, oftmals sind es reine Verkaufsveranstaltungen. Gleiches gilt auch für Seminarangebote beim Winzer.

Ein weiterer großer Akteur im Weinseminargeschäft ist die *Viniversität*, die Weinschule der Hawesko-Gruppe. Die Qualität der angebotenen Kurse ist nicht an allen Orten einheitlich, insgesamt aber recht hoch. Großer Nachteil: Die Weinauswahl ist nicht allein inhaltlich-didaktischen Gesichtspunkten geschuldet, sondern abhängig von den Sortimenten der beteiligten Weinfirmen. Neben der Wissensvermittlung wird intensiv Werbung für die Weinfirmen gemacht.

Einige kleinere Weinschulen haben sich in der Vereinigung *Fachverband unabhängiger Weinreferenten* (FuW) zusammen gefunden und versuchen dort mit vereinten Kräften, Weinwissen auf didaktisch und inhaltlich höchstem Niveau zu vermarkten. Diese Gruppe legt bei ihren Aktivitäten großen Wert auf fachliche Unabhängigkeit. Das betrifft die Auswahl der Lerninhalte ebenso wie die Weinbeschreibungen und ausgesprochenen Empfehlungen.

Weinschulen auf Online-Basis gibt es derzeit im gesamten deutschsprachigen Raum nicht. Bemerkenswerte Angebote finden sich dagegen in Nordamerika. Die Erfahrungen dort werden sicherlich in nicht allzu ferner Zukunft auch zu neuartigen Angeboten auf dem hiesigen Markt führen. Die Vorteile sind unübersehbar:

1. Multimediale Lernumgebungen im Internet können den Erwerb von Weinkompetenz attraktiver, effektiver und effizienter machen.
2. Online-Angebote können Zielgruppen ansprechen, die mit Präsenzveranstaltungen und Printmaterialien nicht erreichbar wären.

3. Präsenzseminare vermitteln viel Wissen, und doch geht man am Ende mit vielen Fragen nach Hause, ohne die Möglichkeit zum Nachfragen oder Nachschlagen. Das ist eine Stärke vom e-Learning: Tutoring und Nachbetreuung sichern hier dauerhafte Lerntransfers.

41 Medizin oder Gift – wie Wein die Gesundheit berührt

Eigentlich ist alles gesagt: Wer Wein in Maßen genießt, wird von seinen gesundheitsfördernden Wirkungen profitieren, wer ihn maßlos säuft, kann an ihm zugrunde gehen. Die Dosis macht das Gift.

Nun noch etwas detaillierter: Wein ist ein hochwertiger Kalorienspender – allein der Alkohol einer Flasche mit 12 Vol.% beträgt knapp 500 Kalorien –, er fördert den Stoffwechsel, stärkt das Immunsystem und beugt dem Herzinfarktrisiko vor. Vor allem den Polyphenolen (siehe Kapitel 3, *Rotweine – von leicht und fruchtig bis gehaltvoll und dunkel*) sagt man segensreiche Wirkungen nach: Sie hemmen die Bildung des „schlechten" LDL-Cholesterins und begünstigen die Bildung des nützlichen HDL-Lipoproteins. Damit schützen sie vor der Verfettung des Blutes, wirken der Verklumpung von Blutplättchen entgegen und entfalten eine krebshemmende Wirkung.

Bemerkenswert ist, dass diese positiven Wirkungen nicht – wie man lange Zeit annahm – auf Rotweinkonsum beschränkt sind. Auch im Weißwein finden sich Polyphenole. Da ihre Moleküle kleiner sind und die Zellmembranen folglich leichter durchdringen können, gehen immer mehr Wissenschaftler davon aus, dass sie vielleicht noch mehr als Rotweine atherosklerotisch bedingten Krankheiten des Herz-Kreislauf-Systems (Herzinfarkt, Schlaganfall, Nierenarterienstenose, arterielle periphere Verschlusskrankheit) entgegenwirken können.

Aber nicht nur die Phenole, sondern auch der Alkohol kann positive Wirkungen entfalten. Hinsichtlich des zentralen Nervensystems stellen sich subjektiv die stärksten und eventuell, bei geringem Konsum, auch die angenehmsten Folgen ein. Es kommt zu einer verstärkten Durchblutung des Gehirns und erhöhten Sauerstoffversorgung. Ein angenehmes Gefühl von körperlichem und geistigem Wohlbefinden ist die Folge. Kreativität und Phantasie werden beflügelt und die intellektuelle und künstlerische Leistungsfähigkeit steigt. In Maßen genossen fördert Weingenuss zudem die Libido.

Die Schattenseiten übermäßigen Wein- beziehungsweise Alkoholkonsums an sich sind hinlänglich bekannt: Es kann zu Schäden an Leber,

Magen, Speiseröhre, Bauchspeicheldrüse und Gehirn kommen, Allergien, Schlafstörungen und Depressionen können auftreten, und es muss mit erhöhten Krebsrisiken gerechnet werden.

Die menschliche Leber, die für den Abbau des Alkohols zuständig ist, kann pro Stunde maximal 10 Gramm Alkohol verarbeiten (siehe dazu auch das Kapitel 12, *Körper und Alkohol – von schlank bis füllig*). Wenn jedoch innerhalb kurzer Zeit zu viel Alkohol dorthin gelangt, entstehen so genannte freie Radikale, die dann die Leber schädigen. Gelegentliche Exzesse kann die Leber verkraften und sich anschließend wieder regenerieren. Wiederholte Überlastungen können jedoch zur so genannten Fettleber und schließlich zur Zirrhose führen.

Die *Verträglichkeit* von Wein ist aber von Mensch zu Mensch sehr verschieden. So spielen Alter, Geschlecht, Körpergewicht, körperlicher Zustand, innere Ruhe, Fitness, Wetterlage und Krankheiten eine wichtige Rolle. Generell verträgt der weibliche Körper Alkohol weniger gut als der männliche, der ältere Mensch mehr als der junge und Westeuropäer größere Mengen als Asiaten.

Für viele unerwünschte Nebenwirkungen sind bestimmte Begleitstoffe wie Fuselöle, Aldehyde, Ketone und einzelne Aminosäuren aber entscheidender als der Alkohol. Vor allem Histamin wird für Kopfschmerzen, Allergien und Leberaffektionen verantwortlich gemacht. Bei guter Kellerhygiene und entsprechend sauberer Kellerwirtschaft liegt Histamin aber in kaum nennenswerter Konzentration im Wein vor, wobei generell der Gehalt bei Weißweinen niedriger ist als bei Rotweinen, insbesondere bei solchen, die einen biologischen Säureabbau absolviert haben. Sauberer und schonender Ausbau sowie kerngesundes Lesegut sind die besten Garanten für niedrige Histamin-Werte und einen in jeder Hinsicht bekömmlichen Weingenuss.

Nach übermäßigem Alkoholgenuss stellt sich in der Regel eine komplexe Störung des Organismus ein. Nach einer durchzechten Nacht können einen Kopfschmerzen, Schwindel, Magenverstimmung, Kreislaufstörungen, Benommenheit, Zittern, Herzjagen, Rhythmusstörungen und Angstzustände plagen. Zu einer schnellen Regeneration führen kräftige, jedoch nicht übertriebene körperliche Betätigungen im Freien, die Zufuhr einer gemischten Glukose-Salz-Lösung und eventuell auch ein erneuter, allerdings kleiner Schluck eines guten Weines.

Der ph-Wert des Weins ähnelt dem des Magensaftes, sodass mäßiger Konsum kaum zu Störungen der Verdauungstätigkeit führt. Größere Mengen hemmen jedoch die Produktion von Verdauungsenzymen und sollten deshalb vor allem nicht vor Mahlzeiten zugeführt werden. Als Essensbegleiter wiederum verbessert Wein die Fett- und Eiweißverdauung und ist deshalb besonders älteren Menschen und Patienten mit nachlassender Funktion der Verdauungsdrüsen zu empfehlen. Bei Entzündungen der Magenschleimhaut wie bei Geschwürsneigung empfiehlt sich hingegen der Verzicht auf Wein, da Verschlimmerungen eintreten könnten.

Das Fazit sollte also sein: In Maßen genossen entwickelt edler Wein viele positive Wirkungen. Er hilft, psychische Spannungen abzubauen, lädt ein zu Besinnung und Muße, bringt Ruhe, Erholung und Entspannung, fördert die Gemütlichkeit, hilft menschliche Beziehungen aufzubauen, trägt zur Lösung von Konflikten bei und beschleunigt die Regeneration. Er rundet den Tag und die Arbeitsphase ab und eröffnet den Abend, die freie Zeit. Insofern leitet er sanft von der Tagesarbeit in die Erholungsphase über und ist der Garant für eine erholsame Nacht.

Wein und Speisen – über Regeln und wie man sie bewusst verletzt

Als die gastronomische Weltkarte noch schärfere Grenzen hatte und die Zahl der Weinbaugebiete viel beschränkter war als heute, gab es einige sehr einfache Regeln für die Kombination von Wein und Speisen. Doch der kulturelle Austausch und die wechselseitige Beeinflussung der Küchen haben die Karten neu gemischt und die Zugänge zur Thematik variabler werden lassen.

Die einfachen Regeln lauteten: Weißwein zu Fisch und weißem Fleisch, Rotwein zu dunklem Fleisch und geeignete lokale Weine zum Essen der jeweiligen Region. In dieser Radikalität lässt sich das heute nicht mehr vertreten. Die Grenzen sind fließender geworden, nicht zuletzt weil sich sowohl die Weinstile als auch die Küchen weltweit gewandelt haben. Und dennoch gilt noch heute: Rotwein und Fisch vertragen sich nur in den seltensten Fällen. Fisch verleiht besonders tanninbetonten Rotweinen einen unangenehmen metallischen oder bitteren Geschmack. Dagegen mildert die feste Struktur von Fleisch, insbesondere die eines Rindersteaks, den Eindruck von Tannin, und so wird heute noch zu dunklem, kräftigem Fleisch Rotwein gereicht.

Richtige Traumpaare sind selten. Die meisten Paare sind mehr oder weniger geglückte Arrangements, und Sie dürfen sich freuen, wenn Wein und Gericht miteinander harmonieren. Es gibt keine festen, unverrückbaren Zusammenstellungen, sondern Kombinationen, die Sie begeistern und andere, die Ihnen weniger gut gefallen. Dennoch gibt es einige Kombinationen, die geradezu ideal sind:

- Austern mit Champagner
- Meeresfrüchte mit Chablis oder Muscadet
- Lammbraten mit Médoc oder Cabernet Sauvignon
- Wildgerichte zu Pinot Noir
- Wurstplatten mit Beaujolais
- Ziegenkäse mit Sancerre oder Sauvignon blanc
- Stilton mit Jahrgangs-Port
- Roquefort mit Sauternes

Ich selbst verfahre seit vielen Jahren nach einem recht einfachen Grundsatz: Die richtige Kombination ist die, die mir schmeckt. Ich kenne die

Regeln, erlaube mir aber, wann immer mir danach ist, sie zu verletzen oder – wie man auch sagen könnte – sie kreativ zu interpretieren. Je mehr man sich mit dem Zusammenspiel von Wein und Speise beschäftigt, desto klarer wird, dass die gängigen Regeln viel zu starr, viel zu eindimensional ausgelegt sind, um das komplexe Zusammenspiel von Wein und Speise und die Individualität der jeweiligen Kombination zu erfassen. Immer sind es ganz besondere Weine und ganz besondere Gerichte, die aufeinander treffen: Selbst bei gleicher Rezeptur sind die Zutaten stets besondere beziehungsweise andere, ebenso wie die Menschen, die sie verarbeiten oder die jeweiligen Bedingungen ihres Umfeldes (Temperatur, Luftdruck, und so weiter). Und auch beim Wein gibt es große Unregelmäßigkeiten. Wird Ihnen zum Beispiel zu einem Gericht ein Chablis empfohlen, so ist das, was Sie dann im Glas haben, abhängig von ganz vielen Faktoren: vom Jahrgang, den konkreten Wachstumsbedingungen der verwendeten Trauben, den Eingriffen des Winzers und Kellermeisters – darüber haben Sie an anderer Stelle ausführlich erfahren.

Regeln zu verletzen bedeutet jedoch keineswegs, im Chaos der Beliebigkeit zu versinken. Denn nicht die völlige Ignoranz gegenüber den Regeln, sondern nur ihre fortwährende, kritische Anwendung und kreative Modifizierung hilft auf dem Weg, Wein und Speise immer wieder von neuem auf begeisternde Art und Weise zu kombinieren. Der Pfiff einer Kombination kann gerade dadurch entstehen, dass Sie Gegensätze vermählen und so reizvolle Kontraste erzeugen. Es experimentiert sich leichter, wenn Sie einige grundlegende Aspekte der Balance zwischen Wein und Speise kennen: Gewicht, Geschmacksrichtung und aromatische Ausrichtung.

Die Schwere oder das *Gewicht einer Speise* ist für eine gelungene Kombination der wichtigste Gesichtspunkt. Das Gewicht hängt sowohl von den verwendeten Zutaten als auch von ihrer Behandlung ab. Wildgerichte sind in der Regel schwerer als Brathähnchen, und dieses ist wiederum schwerer als Muscheln. Doch auch die Garmethode spielt eine Rolle. Thunfisch beispielsweise ist niemals leicht, aber sicherlich leichter, wenn er pochiert statt auf baskische Art mit Tomaten, Paprikaschoten, Zwiebeln und Knoblauch geschmort wird.

Schwere Speisen verlangen nach schweren, alkoholreichen Weinen. Leichter italienischer Pinot Grigio wäre als Begleiter eines deftigen Wildragouts maßlos überfordert. Und umgekehrt würde ein körperreicher australischer Shiraz die Feinheit einer zarten Hühnchenbrust völlig überlagern. Ideal ist immer, wenn es gelingt, die Gewichte von Wein und Speise in einem Gleichgewicht zu halten.

Um die rechte Balance geht es auch im Falle der dominanten *geschmacklichen Ausprägungen*. Säure in einem Gericht – etwa in Form von Zitronensaft oder anderen Früchten, Essig oder eingekochtem Weißwein in einer Sauce – erfordert immer eine gewisse Säure im begleitenden Wein: Ente mit Orange verlangt nach einem säurebetonten Weinbegleiter, während Ente mit Oliven das nicht braucht.

Der klassische Partner zu salzigen Gerichten ist der Süßwein, so wie man auch salzige mit süßen Speisen kombiniert – beispielsweise Schinken mit Feigen oder Melone. Eine klassische Wein-Speise-Partnerschaft besteht zum Beispiel zwischen dem salzigen Roquefort-Käse und süßem Sauternes. Zu Salzgebäck passen dagegen auch trockene Weine. Besondere Freude hierzu machen Schaumweine sowie Fino- und Manzanilla-Sherrys. In Kombination mit tanninhaltigen Rotweinen wirkt sich Salz jedoch eher ungünstig aus. Zu gesalzenen Speisen sollten deshalb bevorzugt Weiß- und Roséweine gereicht werden. Süße im Essen verlangt ganz vehement nach Süße im Wein. Dabei gilt die alte Regel, dass die Süße im Wein mindestens so intensiv sein muss wie die Süße der Speise. Ist die Süße des Gerichtes stärker, zieht der Wein den Kürzeren und schmeckt dünn und sauer. Aber auch pikante Speisen vertragen oft einen süßen oder zumindest halbsüßen Begleiter. Geschmacklich zarte Arten von Schalentieren wie Jakobsmuscheln und weißer Fisch in Sahnesauce können mit einer Riesling Spätlese oder halbtrockenen Vouvray von der Loire prächtig harmonieren. Halbtrockener Riesling kann sich selbst gegen die Üppigkeit von Gans und Ente gut durchsetzen.

Auf der Suche nach Partnerschaften zwischen Wein und Speise spielt auch das weite Feld der *Aromen* eine beachtliche Rolle. Das ist die Kür, aber für jeden Gourmet eine Herzensangelegenheit. Sind die Gewichte und Geschmacksrichtungen harmonisch aufeinander abgestimmt, können Sie sich nach Lust und Laune und ohne großes Risiko daran machen, das Spiel mit den Aromen zu eröffnen. Mal können Sie versuchen, Wein und Speise durch aromatischen Gleichklang in Harmonie zu vereinen (zum Beispiel Paprikagerichte zu Cabernet Sauvignon, Buttersaucen zu Barrique-Chardonnay), während Sie ein anderes Mal den Reiz von Gegensätzen genießen. Eine klassische Art, aromatische Gegensätze zu zelebrieren, ist die Begleitung herbstlich-erdig schmeckender Wildgerichte mit den fruchtigen Weinen der Spätburgunder-Rebe.

Einige Lebensmittel vertragen sich nicht so gut mit Wein, vor allem solche mit Säuren und Bitterstoffen. Als wohl bekanntester Feind des Weins setzt sich vor allem Essig immer wieder negativ in Szene: Seiner Säure ist kein Wein gewachsen. Verwenden Sie deshalb milde Sorten und ersetzen Sie ihn nach Möglichkeit durch Zitronensaft, dessen Säure sich mit Wein sehr viel besser verträgt. Probleme machen in der Regel auch Artischocken, Fenchel, Rettich, Spinat und Eiscreme. Nicht ganz einfach sind zudem Sauerkonserven, Eierspeisen, Makrelen, Kapern, Senf und scharfe Saucen.

Ebenso wichtig wie die Zutaten sind die Zubereitungs- und Garmethoden. Pochiertes, gedämpftes und gedünstetes Essen verlangt nach einem leichten oder mittelschweren, aber immer tanninarmen Wein. Wenn allerdings kräftige Saucen oder geschmacksintensive Beilagen ins Spiel kommen, hat das Einfluss auf die Weinauswahl. So hat zum Beispiel die üppige Thunfisch-Mayonnaise-Sauce zum italienischen Vitello tonnato geschmacklich sehr viel mehr Bedeutung als die zart gekochte Semmerrolle vom Kalb.

Das Rührbraten im Wok ist eine Methode, um schnell und gleichmäßig mit wenig Fett zu arbeiten. So können Farbe, Konsistenz und Geschmack der Zutaten erhalten bleiben. Die daraus resultierenden Gerichte sind eher leicht, mit reinen und klar definierten Aromen. Leichte Weißweine, besonders deutsche Rieslinge mit der geringen Süße und Leichtigkeit eines Kabinett oder einer halbtrockenen Spätlese, sind hierzu eine perfekte Wahl. Eine Zubereitung mit viel Fett macht dagegen die Zutaten gehaltvoller und bringt zudem Röststoffe hervor, die nach kräftigeren, ja sogar tanninbetonteren Weinen verlangen.

Die Vielfalt der Schmorgerichte und die dabei verwendeten Zutaten sind so immens, dass sich generelle Weinempfehlungen eigentlich verbieten. Man kann vielleicht so viel sagen: Je üppiger und komplexer die Aromen im Gericht, desto kräftiger sollte der Wein sein. Die gehaltvollsten Rind- und Wildeintöpfe können recht tanninreichen Weinen gewachsen sein, einschließlich der Nebbiolo-Gewächse aus dem norditalienischen Piemont. Wenn jedoch ein größerer Anteil an Zwiebeln, Möhren und anderem Gemüse – die alle zusammen Süße einbringen – dabei ist, werden tanninärmere, weichere Weine (zum Beispiel aus Australien) mehr Vergnügen bereiten.

Welchen Wein wählen Sie zu Ossobuco? Helles Kalbfleisch wird in einer Kochflüssigkeit aus Weißwein und Gemüse geschmort und mit Risotto milanese (Safrangeschmack!) serviert. Das alles spricht für Weißwein und doch werden Sie wahrscheinlich, wenn sich das Gericht auf Ihrem Teller befindet und Sie die Wahl haben, zu einem Rotwein greifen.

Zu gegrillten Speisen können die Weine generell kräftig sein. Junge Weine mit Merkmalen von Frucht, Eiche, Tannin und Säure, die für einen Braten zu mächtig wären, passen gut zu Grilladen. Weine mit leicht rauchigen Aromen bieten zusammen mit Gegrilltem oft eine schöne Harmonie. Wenig andere Gerichte kommen so gut mit den Aromen und Geschmackseigenschaften barriquegereifter Weine zurecht wie die vom

Grill. Marinaden und Grillsaucen können sich jedoch bei der Weinauswahl als Stolpersteine herausstellen.

Möchten Sie den Genuss eines Rotweins edelster Herkunft und vollkommenster Reife mit einem feinen Gericht begleiten, so können sie ihm wohl kaum etwas Besseres zur Seite stellen als einen Braten aus dunklem Fleisch, bestreut mit nichts anderem als Kräutern und Knoblauch. Eine im Ofen über viele Stunden bei niedrigster Temperatur gegarte Lammkeule kann auf unvergleichliche Art die Qualität eines feinen gereiften Médoc oder Graves zur Geltung bringen.

Vergessen Sie bei all dem Genannten niemals den geschmacklichen Einfluss der Saucen. In vielen Fällen entstehen Saucen quasi als Nebenprodukt der speziellen Zubereitung von Fisch, Fleisch, Wild oder Geflügel. Dann bringt die Sauce in der Regel keine Richtungsänderung der wichtigsten Geschmacksmerkmale – Sie können dann die Weinauswahl an der Zubereitungsart der Produkte orientieren. Wird dagegen zur Begleitung eines Gerichtes eine Sauce gereicht, die unabhängig von der Speise hergestellt wird, können weitere Aspekte für die Weinauswahl hinzukommen. Helle Saucen wie Béchamel oder Velouté werden meist auf Basis der so genannten Mehlschwitze zubereitet und verlangen in der Regel nach einem Weißwein, während dunkle Saucen auf der Basis von Rinder- oder Kalbsfonds besser von einem Rotwein begleitet werden. Saucen auf Gemüsebasis – meist ist Tomate im Spiel – sind säurebetont und harmonieren deshalb gut mit Weinen, die ebenfalls über ein gutes Säureniveau verfügen.

Die Kenntnis der Grundregeln zur Abstimmung von Wein und Speisen ist das eine. Planen Sie jedoch ein ganzes Menü, sollte die Abfolge der servierten Weine einer vorbereiteten Dramaturgie folgen: Reichen Sie trockenen Weißwein vor Rotwein, leichten Wein vor schwerem, jungen vor altem, trockenen vor süßem und einfachen vor komplexem Wein. Nur wenn Sie von den leichteren und einfacheren zu den schwereren und komplexeren Weinen übergehen, können Sie sicher sein, dass kein Wein durch die Ausstrahlung und Attraktivität des Vorgängers gedemütigt wird.

Wenn Sie jedoch nur einen einzigen Wein servieren möchten, sollten Sie diesen der Schwere und dem Geschmack des Hauptgangs anpassen. Ein Pinot Noir aus Oregon könnte zu Lachs und anschließend zum Wildgericht passen. Rote Loire-Weine sind erstaunlich flexibel und anpassungsfähig: Sie passen zu so unterschiedlichen Gerichten wie Spargel, Fisch, Wurst und leichten Fleischspeisen wie jungem Lamm, Kaninchen und in Bier geschmortem Rindfleisch. Und auch Weine aus der Chardonnay-Traube eignen sich zu vielen Gerichten und Gelegenheiten.

Ein gemeinsamer Abend mit Freunden oder Kollegen kann zusätzlich gewinnen, wenn Sie die Wein- und Speisenauswahl unter ein Motto oder Thema stellen. Sie können zum Beispiel eine bestimmte Region als Aufhänger wählen. Einer Tapas-Party mit korrespondierenden spanischen Weinen ist der Erfolg ebenso garantiert wie einem kulinarischen Event, den Sie der Toskana, der Provence oder einer anderen beliebten Weingegend widmen. Ihrer Kreativität sind keine Grenzen gesetzt.

Kombinationen für den Alltag

42

Bevor wir uns den spezielleren Gelegenheiten zuwenden, die eine differenzierte Auswahl der Weine unter anderem nach Vor-, Haupt- und Nachspeise erlauben, möchte ich Ihnen zunächst einmal einige unkomplizierte und alltagstaugliche Kombinationen von Wein und Speise vorstellen. Denn in der Mehrzahl der Fälle wird Wein zu mehr oder weniger einfachen und meist eingängigen und vertrauten Alltagsgerichten genossen. Die folgenden ausgewählten Beispiele sind exemplarisch zu verstehen und repräsentieren bestimmte Gerichtetypen und regionale Besonderheiten.

Deftiger *Bauernschmaus* aus Schweinskarree, Rippchen, Frankfurter Würstchen, Sauerkraut, Semmelknödel und Bratensaft verlangt nach rassigen Weiß- oder Roséweinen. Silvaner aus dem Elsass kann hierzu ebenso gereicht werden wie Wachauer Riesling oder Schilcher aus der Steiermark. *Eisbein mit Sauerkraut* liebt ebenfalls würzig-kraftvollen Riesling, kommt aber ebenso gut mit fränkischem Silvaner oder badischem Gutedel zurecht.

Wenn Sie zur *Bratwurst* ein kühles Bier verschmähen, empfiehlt sich stattdessen rassig-würziger Weißwein, wie zum Beispiel Grüner Veltliner und Sauvignon blanc, oder aber rustikal-herber Rotwein wie beispielsweise junger St. Laurent oder Blauburger.

Zu *Cannelloni* – das sind gefüllte italienische Nudelteigrollen mit Fleischfüllung – passt vor allem Chianti, aber auch alle anderen mittelitalienischen Rotweine, die auf Basis der Sorte Sangiovese gekeltert werden.

Chili con carne fordert als Durstlöscher eigentlich ein kühles Weizenbier, aber wer hier einen Wein bevorzugt, sollte sich an Rosé oder Rotwein mit milder Säure und niedrigem Alkoholgehalt halten. So wird das Feuer der Gewürze nicht zu sehr entfacht. Kalifornischer Zinfandel und australischer Shiraz sind nur zu empfehlen, wenn – was leider allzu selten vorkommt – ihr Alkoholgehalt nicht zu hoch ist.

Himmel und Erde ist eine rheinisch-niedersächsische Delikatesse, bei der gebratene Blutwurstscheiben mit Kartoffelpüree und Apfelmus kredenzt werden. Hierzu brillieren vor allem solche Weine, denen es gelingt, sowohl die deftig-fette Art der gebratenen Blutwurst als auch das säuerlich-fruchtige Apfelmus gleichermaßen gut zu begleiten. Leichter als Rotwein tut sich hier ein trockener, mittelschwerer Riesling, dessen Säure das Fett der Wurst in Schach halten und zugleich mit dem Aroma des Mus zusammenspielen kann. Werden knusprig frittierte *Frühlingsrollen* mit einer süß-sauren Sauce serviert, harmonieren dazu am besten trockene und halbtrockene Weißweine mit deutlichen Fruchtaromen. Auf diesem Feld fühlen sich die Rebsorten Sauvignon blanc, Viognier und Scheurebe ganz besonders wohl.

Gemüse ist wegen seines hohen Gehaltes an Mineralstoffen und Vitaminen für unsere Ernährung sehr wichtig. Selten wird es solo, sondern meistens als Beilage gereicht und spielt deshalb für die Weinauswahl keine große Rolle. Es gibt aber dennoch einige typische Gemüseweine, die vor allem die Vegetarier interessieren dürften: das sind Sauvignon blanc, Silvaner, Müller-Thurgau und die meisten Rosé.

Omelett, eine Eierspeise ohne Mehlzusatz, existiert in den verschiedensten Varianten und verträgt sich weit besser mit Wein, als allgemein vermutet. In der Variante mit Schnecken und halbreifen Nüssen verlangt es nach kräftigem Chardonnay aus dem Herzen Burgunds oder aus Übersee. In Verbindung mit Pilzen fühlen sich zu einem Omelett Weiß- und Grauburgunder sehr wohl. Wenn Sie Omelett mit Kräutern servieren, greifen Sie zu einem Sauvignon blanc, in Kombination mit Meeresfrüchten passt dagegen ein Vinho Verde aus Portugal vorzüglich.

Spiegeleier mit Schinken werden am besten mit einem Glas Mineralwasser begleitet. Aber auch junge fruchtige und leicht gekühlt servierte Rotweine oder Pfälzer Grauburgunder machen zu diesem Gericht keine schlechte Figur.

Pilze kommen wunderbar mit nicht mehr ganz jungen Weinen aus den Rebsorten Weißburgunder, Grauburgunder und Chardonnay zurecht, zu gegrillten Steinpilzen passen aber auch Rotweine. Zu in Butter gedünsteten Champignonscheiben mit Süßrahm kommen nur recht milde, säurearme bis halbtrockene Vertreter in Frage. Pfifferlinge wiederum können mit ihrem leicht scharfen, pfeffrigen Geschmack mit gehaltvollen Weiß- und Rotweinen kombiniert werden. Mit gehackten Zwiebeln in Butter gedünstet und mit Petersilie bestreut, lässt sich eine sehr harmonische Beziehung mit kräftigem Weiß- und Grauburgunder herstellen, aber auch reichhaltiger Chardonnay verträgt sich mit dem erdig-würzigen Charakter der Pilze.

Zu den wohlschmeckenden Sprossen der *Spargelpflanze* werden gemeinhin recht leichte Weißweine serviert, um der zarten Konsistenz dieses beliebten Gemüses zu entsprechen. Übersehen wird dabei allerdings der kräftige Geschmack des Spargels, speziell seine erdigen und stets leicht bitteren Töne. Spargelwein sollte deshalb einerseits von feiner Textur sein, andererseits zugleich aroma- und geschmacksintensiv. Passende Vertreter sind mittelkräftiger Muskateller, Pinot Gris, Silvaner und weißer Graves. Zur Sauce Hollandaise sind Begleiter mit lebhafter Säure hilfreich, denen es gelingt, der Sauce etwas von ihrer Schwere zu nehmen. Eine gute Wahl hierzu sind Sauvignon blanc und Riesling.

Pizza verlangt in der Regel nach einfachen, rustikalen Rotweinen. Meist sind Tomaten, Käse, Schinken und Salami im Spiel. Chianti und Morellino di Scansano aus der Toskana, Rosso Conero aus den Marken, Primitivo di Manduria aus Apulien und Nero d'Avola aus Sizilien können je nach Zubereitung die Begleitung übernehmen.

Zur *Pasta mit Nusssauce* kommen nur kräftige Weißweine in Frage, am besten solche, die durch ihre Lagerung im Barriquefass selbst nussige Aromen ausgebildet haben. Wenn zur Schwere noch etwas erfrischende Säure hinzu kommt, tut das der Kombination sicherlich nur gut. Suchen Sie nach Weißweinen aus Südtirol mit dem entsprechenden Ausbau.

Wussten Sie schon ...

- Überreife, schon im Abbau befindliche Weine erleben in Begleitung von Pilzgerichten ihren zweiten Frühling: Sie erstehen noch einmal auf, legen ihren Firngeschmack ab und wirken plötzlich wieder erstaunlich jugendlich.

43 Aperitifweine – die Appetitmacher

Aperitif (englisch „Before Dinner Drink“) ist die Sammelbezeichnung für alkoholische Getränke, die vor einem Essen als Appetitanreger getrunken werden. Appetitanregende Getränke kannten bereits die Griechen und Römer. Nach dem lateinischen Wort „aperire“ (öffnen, hier auf den Magen bezogen) nannten die Römer solche Getränke „Aperitivum“. Besonders beliebt war bei ihnen der Honigwein Mulsum.

Nichts ist schöner, als sich mit einem Aperitif auf das anschließende Menü einzustimmen. Man wird allmählich sehr viel lockerer, kann den

Alltag hinter sich lassen und in aller Ruhe die Wein- und Speisekarte studieren oder – in den eigenen vier Wänden – seine Gäste gebührend begrüßen. Zum Aperitif sollte man eine Kleinigkeit zu essen reichen, ebenfalls mehr als appetitanregendes Häppchen denn als früher Sattmacher gedacht. Das können nicht zu salzige grüne Oliven, belegte Canapés oder kleine Spießchen von Fisch oder Fleisch sein.

Heute gibt es keine allgemein gültige Regel, was als Aperitif ausgeschenkt wird. Das dürfen Sie durchaus als Aufforderung begreifen, mit den unterschiedlichsten Getränken zu experimentieren. Und wenn Sie mit Ihrer Wahl für Aufmerksamkeit oder gar für Begeisterung bei Ihren Gästen sorgen, ist es ein gelungener Auftakt für einen wahrscheinlich wundervollen Abend.

Klassisch als Aperitif sind trockene Schaumweine aller Art. Ist es ein eher offizieller Anlass, wird die Wahl wahrscheinlich auf Champagner fallen. Wenn nicht, haben Sie die Qual der Wahl. Ein deutscher Winzersekt kommt dann ebenso in Frage wie ein Crémant von der Loire oder aus dem Elsass. Die Schaumweine der lombardischen Region Franciacorta sind ungemein köstlich, aber noch immer ein Geheimtipp. Achten Sie bei der Auswahl aber darauf, dass der Alkoholgehalt Ihres Favoriten nicht zu hoch ist – denn ohne die nötige Grundlage könnte er Ihnen und Ihren Gästen allzu leicht zu Kopfe steigen.

Fast alle trockenen Weißweine mit appetitanregender Säure eignen sich ebenfalls vorzüglich als Aperitif. Köstlich sind leichte Riesling-Weine von der Mosel mit ihrem ungeheuer moderaten Alkoholgehalt, Muscadet von der Loire oder die leichteren Vertreter aus dem Elsass. Probieren Sie auch Weine aus aromatischen Rebsorten wie zum Beispiel Muskateller, Scheurebe und Albarino aus Galizien.

Aber eins ist klar: Auf diesem Feld hat der Wein die größte Konkurrenz. Als ein Klassiker unter den Aperitifen gelten in der ganzen Welt Wermut oder vergleichbare Getränke. Die Franzosen reichen Spirituosen, mit Alkohol angereicherte Weine wie Vins Doux Naturels oder Vins de Liqueur, aber auch Süßweine wie Sauternes und Barsac. Ein überall akzeptierter Aperitif ist Kir (trockener Weißwein mit Likör von schwarzen Johannisbeeren) oder die aus Weißwein und Mineralwasser gemischte Schorle. In Spanien serviert man trockenen Sherry, vor allem Fino und Manzanilla, während die Portugiesen weißen Port als Aperitif ausschenken.

Wussten Sie schon...

- Findet vor einem gemeinsamen Essen ein Aperitif-Empfang statt, beachten Sie bitte: Es ist nicht die elegante Art, einen Rest des Aperitifs mit an die Tafel zu nehmen und dort auszutrinken. Ausnahme: Sie bekommen Ihren Aperitif im Restaurant an der Bar serviert, weil Ihr Tisch noch nicht frei ist oder für Sie neu eingedeckt wird. Dann kann es passieren, dass Sie gerade erst an dem Getränk genippt haben, wenn die erfreuliche Nachricht kommt, dass Ihr Tisch bereit ist. In diesem Fall brauchen Sie selbstverständlich auf den Rest des Aperitifs nicht zu verzichten. Das Hinterhertragen zum Tisch sollten Sie in diesem Fall einer Restaurantfachkraft überlassen. Wandern Sie nicht mit dem Glas in der Hand durch das Lokal.

Wein zu Antipasti – der Auftakt des Menüs 44

Auch wenn Ihnen Vorspeisen in großer Vielfalt begegnen, sollten die Weine, die Sie als Begleiter aussuchen, doch eine Gemeinsamkeit haben: Sie sollten trocken und nicht allzu mächtig sein. Schwere und alkoholreiche Weine zu einem frühen Zeitpunkt machen leicht müde und satt und sollten deshalb späteren Kombinationen vorbehalten bleiben.

Die Weinauswahl zu *Blattsalaten* orientiert sich in der Regel am Dressing. Sämige Saucen (Joghurt- oder Kartoffeldressing) passen gut zu kräftigen Weinen, während Saucen auf der Basis von Öl und Essig besser von leichteren, nicht zu säurebetonten Weinen begleitet werden. Immer eine gute Wahl sind Weine aus den Sorten Gutedel, Weiß- und Grauburgunder. Wenn Sie aromatische Blattsalate wie zum Beispiel Feldsalat mit gebratenen Fleischstreifen reichen, können Sie auch leichte Rotweine einsetzen. Ein Knoblauchdressing wird von Grünem Veltliner aus der Wachau gut in Schach gehalten, während ein Kräuterdressing mit mild-reifem Sauvignon blanc eine attraktive Paarung ergibt. Nizza-Salat wird sowohl von einem Côtes de Provence Rosé als auch von einem gut gekühlten Rotwein aus der Touraine (Loire) perfekt begleitet.

Die protein- und geschmacksintensiven *Salate aus Hülsenfrüchten* (Linsen, Kichererbsen) verlangen nach kraftvollen und säureärmeren Weinen. Kalifornischer Chardonnay passt hierzu ebenso gut wie Pinot Gris aus dem Elsass. Salzige Austern harmonieren gut mit Muscadet von der Loire oder Chablis aus dem Burgund, Fischcarpaccio mit Mosel-Riesling und Garnelencocktails mit neuseeländischem Sauvignon blanc.

Das Motto für eine gute *Pastete* lautet: „Schön sollen des Gewandes Falten sein, doch schöner muss was sie enthalten sein." Nach dem Inhalt richtet sich auch die Begleitung: Die Kalbsleberpastete verlangt nach Traminer, die

Hechtpastete nach einem Grünen Veltliner oder einem nicht zu säurebetonten Riesling, und die Fasanenpastete nach einem großen weißen Burgunder. Als Begleiter von Rollpasteten, so genannten „Galantinen", können samtig-milde Weißweine mit guter Extraktdichte jederzeit bestehen.

Zur *Pasta mit Meeresfrüchten* sollte es selbstverständlich ein Weißwein ohne Barriqueeinfluss sein. Wenn feiner Nudelgeschmack und die Frische des Meeres aufeinander treffen, ist die Stunde eines weißen italienischen Klassikers gekommen: Der Soave hat heute unter Kennern einen sehr viel besseren Ruf als in weiten Teilen der Bevölkerung.

Eine der wenigen Vorspeisen, die vorzüglich von einem Rotwein eskortiert werden, sind die *Spaghetti Bolognese.* Da hier sowohl reichlich Fett als auch Röstaromen im Spiel sind, können Rotweine zum Einsatz kommen, die sowohl über eine gute Säurestruktur als auch über reichlich Tannin verfügen. Wer könnte diese Aufgabe besser als ein Chianti Classico übernehmen?

In Italien reicht man zur Vorspeise gerne luftgetrockneten Schinken und Salami mit getrockneten und eingelegten Tomaten, Zucchini und Auberginen. Hierzu passen die generell eher säuregeprägten Rotweine des Landes besonders vorzüglich: Barbera und Nebbiolo aus dem Piemont, Sangiovese aus der Toskana, aus Umbrien und der Emilia-Romagna. Aber auch Montepulciano aus den Abruzzen macht als Begleiter stets eine gute Figur.

Selbstverständlich darf auch zur *Suppe* Wein getrunken werden, wenngleich die ein oder andere doch auch recht gut ohne Partner auskommt (etwa Kaltschalen, Crème- oder Püreesuppen). Als Generalisten auf diesem Feld haben sich immer wieder trockener Amontillado-Sherry und Sercial Madeira bewährt, zur Bouillon und Kraftbrühe passen trockene Weißweine sehr gut. Einige Spezialsuppen hingegen verlangen geradezu nach einem Wein als Begleiter – wie die Bouillabaisse, die „Königin der Fischsuppen" aus Marseille. Vorzüglich harmonieren zu dieser sehr aromatischen Suppe die weißen Lokalpatrioten aus Bandol und Cassis. Hummersuppe sehnt sich nach einem großen weißen Burgunder, etwa einem Corton-Charlemagne, zeigt sich aber auch einem exquisiten Manzanilla-Sherry gegenüber nicht abgeneigt.

Gemüsesuppen paaren sich gut mit Weinen, die wie sie selbst über pflanzliche Aromen verfügen. Der Gedanke an Sauvignon blanc liegt daher sehr nahe. Doch Vorsicht: Viele Sauvignon-Weine verfügen über eine hohe Säure und sind deshalb als Partner zum Gemüse generell problematisch. Zu einer thailändischen Kokossuppe mit Zitronengras können Sie halbtrockene und sogar liebliche Riesling-Weine wählen. Kontrastreicher, aber deshalb nicht weniger köstlich hierzu wäre ein elsässischer Gewürztraminer mit dezenter Restsüße und tiefer Säure.

Wein zum Fisch – ist Weißwein ein Muss? 45

Zum Fisch bietet man generell Weißweine in allen Variationen als Begleiter an. Dennoch ist heute bekannt, dass fruchtige, kellerkühle, tanninarme Rotweine das Fischaroma unterstreichen, während es vom Weißwein eher gedämpft wird. Besonders geröstete und gebratene Exemplare, Fischragouts und Rotweinsaucen verlangen nach dunklen Vertretern. Das Tannin der Rotweine verleiht der Kombination mit Fisch allerdings einen unangenehm metallischen und leicht bitteren Geschmack, allzu säurebetonte Weißweine hingegen einen einseitig stahlig-harten.

Fischsuppen weisen meist einen salzig-süßen Geschmack auf und sind daher besonders gut mit hocharomatischen Weißweinen zu verbinden. *Fette Fische* (Aal, Karpfen, Lachs, Thunfisch) vertragen sich nicht mit säurereichen Weinen, sondern verlangen nach kräftigen, säureärmeren Vertretern: weißer Graves, Elsässer Pinot Gris, weißer Châteauneuf-du-Pape und natürlich Meursault. Mit einer Rahmsauce zubereitet, paaren sich diese Fische sehr gut mit einem süßen, ja sogar edelsüßen Partner. Marinierte Fische sind gut mit halbtrockenen Weißweinen aus der Chenin blanc-Traube zu kombinieren, Fischterrinen mit jungen aromatischen Weißweinen und eingesalzene Fische mit jugendlich-fruchtigen Rotweinen aus den Sorten Merlot oder Pinot Noir, die den salzigen Geschmack der Fische mit schöner Fruchtigkeit kontrastieren.

Süßwasserfische wünschen sich, wenn sie gekocht und pochiert worden sind, leichte trockene Weißweine (zum Beispiel Riesling und Weißburgunder Kabinett trocken) als Begleitung. Werden Filets von Süßwasserfischen dagegen gebraten, verlangen sie nach kräftigeren, aber stets trockenen Weinen. Geräucherte Exemplare lassen sich vorzüglich kombinieren mit Vertretern, die eine feine Rauchnote aufweisen (Pouilly-Fumé von der Loire oder Elsässer Riesling).

Einer der begehrtesten Süßwasserwische ist der *Karpfen.* Sein fettes, wohlschmeckendes Fleisch verlangt einen reifen, kräftigen Weißwein ohne Barriqueausbau oder einen zarten, fruchtigen Rotwein. Zu Karpfen in Rahmsauce sind edelsüße Spätlesen von überraschendem Gleichklang. Zu gefülltem Karpfen ist reifer Elsässer Pinot blanc eine Gaumenweide, zu gebratenen Varianten dagegen eher die feuersteinwürzige, mineralische Art eines Chablis.

Zu den wichtigsten *Meeresfischen* zählen Steinbeißer, Seeteufel und Seezunge sowie Steinbutt und Heilbutt. Vor allem Seezunge und Heilbutt werden häufig gedünstet. Weil bei dieser Garmethode der Eigengeschmack des Fischs betont wird, eignen sich als Begleiter ganz besonders

Weine, die auf Kreide- und Muschelkalkböden entstanden sind, also dort, wo einmal ein Meer war: Das sind Champagner, Chablis und Silvaner vom Maindreieck im deutschen Weinbaugebiet Franken.

Das zarte Fleisch der *Seezunge*, der „Königin der Meere", sollte man nur von den edelsten Weißweinen berühren lassen. Seezunge „Müllerin" – in Milch und Mehl gewendet, in frischer Butter gebraten und mit Zitronenscheiben belegt – lässt sich vorzüglich mit Meursault und Elsässer Riesling paaren; wird sie mit grüner Sauce (Mayonnaise mit Estragon, Kerbel, Kresse und Petersilie) serviert, passen eher leichtere Weine wie Muscadet von der Loire oder Entre-Deux-Mers aus der Bordeaux-Region. Die wohl raffinierteste Art der Zubereitung von Seezungenfilets ist die „Burgunder Art": Der Fisch wird im Backofen gegart und mit etwas Rotwein übergossen. Zu diesem feinen Gericht können die subtilsten und elegantesten Rotweine aus dem Burgund zum Einsatz kommen.

Neben der Seezunge zählt der *Steinbutt* zu den edelsten Meeresfischen und besitzt ein vorzügliches festes weißes Fleisch mit einem saftigen Geschmack. Auch der Steinbutt wünscht sich, nur von den feinsten Weißweinen eskortiert zu werden. Ob Sie sich für weißen Graves, Burgunder, Hermitage oder Riesling entscheiden, dürfen Sie getrost Ihren persönlichen Präferenzen überlassen. *Thunfisch*, *Lachs* und andere große Fische eignen sich sehr gut auch zum Grillen. Ihr festes Fleisch ebenso wie die Röstaromen, die beim Grillen entstanden sind, heißen dann sogar tanninbetonte Rotweine willkommen.

Muscheln und *Austern* verlangen nach trockenem Weißwein ohne viel Eigenaroma. Das ist der Grund, wieso sich auf diesem Terrain Muscadet von der Loire so wohl fühlt. Zu Muscheln „provenzalisch" wählen Sie allerdings am besten einen südfranzösischen Rosé, zu geräucherten Muscheln ist kühler Fino-Sherry ein Genuss. Werden die Muscheln mit Safran überbacken, ist der aromatische Condrieu von der nördlichen Rhône ein perfekter Begleiter. Austern lieben Chablis, zeigen sich aber auch in Kombination mit Champagner und Sancerre von ihrer besten Seite. Mit Hummersauce serviert passt sogar ein weißer Graves vorzüglich.

Zum *Hummer*, dem Symbol der Haute cuisine, sind die edlen Weine aus den besten Lagen Burgunds klassische Begleiter: Montrachet, Corton-Charlemagne und Meursault. In der Variante „à l'Americaine" – in Öl und Butter sautiert, mit Cognac flambiert und mit Weißwein gelöscht – kann auch feinster Pinot Noir zum Einsatz kommen.

Begehrt sind auch die kleinen Verwandten des Hummers: die Flusskrebse und Scampi. Werden *Flusskrebse* in einem Sud aus Weißwein und Kräutern gar gekocht, werden sie am besten von fruchtigem Riesling begleitet. Zu gratinierten Krebsen wählen sie dagegen weißen Hermitage von der nördlichen Rhône, und zu Krebsen mit Spargelspitzen einen Sauvignon blanc. *Scampi* werden beim Kochen rosarot und haben ein feines, zart süßliches Aroma. Werden sie in Olivenöl mit Knoblauch angebraten, passt kräftiger Chardonnay vorzüglich. Werden sie gegrillt serviert, können sich nicht nur Riesling und Grüner Veltliner gut in Szene setzen, sondern auch Rosé aus der Provence. Nicht zur Hummerfamilie gehören die *Garnelen*, die aber ähnlich wie Scampi zubereitet und zu denselben Weinen gegessen werden können.

Wein zum Fleisch – Schwein, Rind, Kalb und Lamm 46

Auf der Suche nach dem passenden Wein zum Fleisch betritt man ein weites Feld. Neben der Zubereitungsart spielt vor allem die Tierart – ob es sich also um Fleisch von Rind, Schwein, Lamm oder Kalb handelt – eine große Rolle. Und in jedem Fall darf der Einfluss der gereichten Saucen nicht außer Acht gelassen werden. Einige wenige klassische Kombinationen demonstrieren im Folgenden beispielhaft, wie sich Wein und Fleisch zu wirklichen Traumpaaren vermählen lassen.

Das *Schwein* wurde bereits um 5000 v. Chr. von den Chinesen gezähmt und hat sich im Laufe der Zeit zu einem der beliebtesten Schlachttiere entwickelt. Für die Qualität des Fleisches sind das Alter und die Art der Mästung von größter Bedeutung. Ein besonderer Leckerbissen sind die Filetstücke, also die beiden langen, zarten Muskeln auf der jeweils inneren Seite des Lendenstücks direkt unterhalb des Rückenknochens. Die Weinauswahl zu den Filets kann variabel gestaltet werden, sollte aber immer den Beilagen und Saucen angepasst werden. Zum Filet mit Zwiebelpüree ist weißer Burgunder ein Hochgenuss. Wird eine Gorgonzolasauce dazu gereicht, passt ein nicht allzu schwerer Gewürztraminer perfekt. Ein Allrounder zum Schweinefilet ist die halbtrockene Riesling Auslese.

Zum Schweinekotelett können sowohl Weiß- als auch Rotweine serviert werden. Auf „normannische Art" in Butterschmalz durchgebraten und mit ungesüßtem Apfelmus angerichtet, passt dazu der weiße Vouvray von der Loire ganz hervorragend, aber auch kräftiger Grauburgunder aus der Pfalz, roter Zweigelt oder Beaujolais Cru. Schweinebraten verlangt nach samtigen, nicht allzu tanninbetonten Rotweinen wie Spätburgunder, Samtrot oder Rioja Crianza.

Rindfleisch lässt sich auf unterschiedlichste Art zubereiten. Jüngeres Fleisch gibt saftige Braten, aber dünne Suppen, älteres hervorragende

Kraftbrühen, aber faserig-holziges Fleisch. Zu gekochtem Rindfleisch trinkt man traditionell Weißwein, kann aber genauso gut samtig-milden Rotwein wählen. Zum Schmorbraten passen kraftvoll-würzige Rotweine aus den Rebsorten Syrah und Shiraz, Cabernet Franc, Nebbiolo, Zinfandel, Sangiovese und Aglianico.

Hier einige Paarbeispiele: Zu „Bistecca alla Fiorentina" harmonieren wunderbar die toskanischen Weine Chianti Classico und Brunello di Montalcino, während zu „Chateaubriand", „Entrecôte" und „Filet Wellington" Rotweine aus Bordeaux und von der Rhône vorzuziehen sind. Der „Esterhazy Rostbraten" fühlt sich dagegen besonders wohl in Begleitung österreichischer Rotweine aus den Sorten Zweigelt und Blaufränkisch. Würziges Rindergulasch verlangt nach alkohol- und tanninkräftigen Rotweinen, beispielsweise von der nördlichen Rhône oder aus Südwestfrankreich. Auch argentinischer Malbec und bester Lemberger aus Württemberg können es mit diesem deftigen und geschmacksintensiven Gericht aufnehmen.

Saftiges Roastbeef wünscht sich edle Rotweine aus Bordeaux, Burgund oder von der Rhône zur Seite, kommt aber mit Chianti, Vino Nobile di Montepulciano und Brunello di Montalcino aus der Toskana ebenfalls bestens zurecht. Dieselben Weine passen auch zum gebratenen Rumpsteak. Eine größere Affinität zu Weißweinen haben hingegen Tafelspitz und Sauerbraten. Hier können Riesling und Grüner Veltliner, ja sogar so aromatische Sorten wie Scheurebe und Gewürztraminer zum Einsatz kommen. Soll es jedoch ein Rotwein sein, bietet Pinot Noir das attraktivste Zusammenspiel.

Das *Fleisch vom Kalb* ist zarter als das vom Rind. Zum Kalbsfilet sind deshalb edle Weißweine empfehlenswert. Wird jedoch mit kraftvollen, dunklen Saucen gearbeitet, dürfen auch runde und elegante Rotweine von der Art eines feinen Pinot Noir getrunken werden. Zur deftigen Kalbshaxe passen die etwas säurebetonteren italienischen Rotweine vorzüglich: Montepulciano d'Abruzzo und Barbera d'Asti.

Ein Kalbsklassiker ist auch das Wiener Schnitzel. Es kann sowohl von frischen und fruchtigen Weißweinen als auch von feinen, tanninarmen Rotweinen perfekt begleitet werden. Kräftiger Riesling passt ebenso vorzüglich wie Weiß- und Grauburgunder aus Baden, Arneis aus dem Piemont oder – was sicherlich klassisch wäre – Grüner Veltliner und trockener Welschrieslingsekt aus Österreich. Aber probieren Sie auch einmal einen Spätburgunder von der Ahr zum Wiener Schnitzel. Nach Wiener Art wird auch so manches Schweineschnitzel zubereitet und kann dann – trotz seines etwas kräftigeren Geschmacks – von denselben Weinen begleitet werden. Leichtes Kalbsfrikassee – zubereitet in einer Hühnerbouillon und in Weißwein – harmoniert vorzüglich mit trockenen und halbtrockenen Weißweinen mit nicht allzu hoher Säure wie Müller-Thurgau oder Gutedel.

Auch *Lammfleisch* lässt sich mit Weiß- und mit Rotwein kombinieren. Kommen Weißweine zum Einsatz, sollten diese weder ganz jung noch stark säurebetont sein. Doch die meisten Lammgerichte sind geradezu für die Paarung mit Rotwein geschaffen. Vor allem Weine auf der Basis der Rebsorte Cabernet Sauvignon sind der ideale Begleiter zu fast allen Lammgerichten. Zur *Lammkeule* mit provenzalischen Kräutern passen jedoch auch die Gewächse von der Rhône und aus der Provence mit ihren kräuterwürzigen Aromen recht gut. Und zum *Lammcurry* gehört Gewürztraminer wie die Jacke zur Hose.

47 Wein zu Wild und Geflügel – ein eher rotes Terrain?

Wild ist heute nicht mehr nur in der Jagdsaison verfügbar. Bestes Fleisch liefern vor allem junge Tiere. Es ist dunkler als jenes vom Rind, hat ein dickes Fasergefüge, viel Eiweiß sowie wenig Fett und Bindegewebe. Man unterscheidet Federwild von Haarwild. Beide Arten sind aufgrund ihres Gewebes etwas zäher, aber geschmacklich intensiver und ausgeprägter als das Fleisch der Schlachttiere. Klassische Begleiter zum Wild sind Rotweine aus dem Burgund und dem Piemont sowie die feinen Gewächse aus dem Haut-Médoc.

Hase schmeckt im Alter von drei bis acht Monaten am feinsten. Das Fleisch der jungen Tiere ist rosa und vermählt sich gerne mit weißen und roten Burgundern. Bei älteren Tieren sind kräftigere und tanninbetontere Weine wie die beiden Klassiker aus Italien, Barolo und Brunello di Montalcino, empfehlenswerter. Zu Hasenpfeffer mit seiner kraftvollen und intensiv duftenden Sauce machen nicht nur rote Burgunder eine gute Figur, sondern auch feiner Médoc und feuriger Châteauneuf-du-Pape.

Zum *Hirsch* dürfen sich die großen Rotweine dieser Welt beweisen. Wählen Sie zu den weiblichen Artgenossen die feineren, femininen, weniger tanninbetonten Weine. Eben diese Weine können Sie auch zum zarten Fleisch des *Rehs* genießen. Margaux und Pomerol sind ideal, aber auch die weniger teuren Gewächse dieser Region sind eine gute Wahl. Barbera aus Italien, Rioja aus Spanien, Dôle aus der Schweiz und Lemberger aus Württemberg können ebenso viel Freude bereiten.

Das Fleisch vom *Wildschwein* bringt den intensivsten Wildgeschmack. Am begehrtesten ist das Fleisch der 25 bis 30 Kilogramm schweren

Frischlinge, die von Juli bis September zarte und wohlschmeckende Gerichte ergeben. Hierzu harmonieren noch mittelkräftige Rotweine, doch das Fleisch eines reiferen Keilers verlangt nach den kräftigsten und zugleich aromatischsten Rotweinen überhaupt. Hier können Sie all jene Flaschen zum Einsatz bringen, die Ihnen zu anderen Gerichten zu mächtig, zu intensiv und zu ruppig erscheinen. Zu Wildschwein gereicht wirken diese Weine dann plötzlich zart und fein.

Federwild kann je nach Zubereitungsart sowohl von Weiß- als auch von Rotwein begleitet werden. Wenn Sie das Glück haben, ein Tier aus freier Wildbahn auf dem Teller zu haben, wird es sich durch ausgeprägten Wildgeschmack und feinste Fleischstruktur auszeichnen. Dazu passt kaum ein Wein besser als der aromatische und feingliedrige Pinot Noir! Wohlgefällige Kombinationen ergeben sich auch durch den Einsatz kräftiger, nicht allzu säurebetonter Weißweine. Ein schöner Kontrast kann durch die Wahl eines Gewürztraminers erzielt werden.

Fasan kann vor allem mit samtig-runden Weißweinen aus den Rebsorten Grauburgunder und Weißburgunder auf angenehm harmonische Weise gepaart werden. Besonders zu empfehlen sind dichter, geschmeidiger Pinot Gris aus dem Elsass sowie kraftvoll-würziger und cremiger Meursault. Rotweine profitieren als Begleiter, wenn sie über eine gewisse Reife verfügen, am Gaumen zarter geworden sind und im Aroma Herbst- und Wildgerüche ausgebildet haben. Zum edlen Fleisch der *Rebhühner* und *Schnepfen* gefällt feiner Pinot Noir, aber auch dichte, cremige Weißweine bringen die zarte Struktur des Fleisches und das dezente Wildaroma wunderbar zur Geltung. Das deutlich fettere Fleisch der *Wachtel* verlangt nach kräftigeren Weinen: zum Beispiel nach toskanischem Vino Nobile di Montepulciano, Rosso Piceno aus den Marken, Rotweinen von der Loire oder kraftvoll-charmantem Merlot aus dem Tessin.

Zu domestiziertem *Hausgeflügel* kann eine große Bandbreite an Weiß- und Rotweinen eingesetzt werden. Fette Exemplare brauchen kraftvoll-deftige Begleiter, deren Säure oder Tannine helfen, den Gaumen sauber zu spülen und die Verdauung zu fördern. Geräuchertes Geflügel lässt sich wunderbar mit den dezenten Rauchtönen der Weißweine Silvaner, Grüner Veltliner und Sauvignon blanc von der Loire kombinieren.

Zu *Ente* mit Orangen ist ein Weißer Hermitage von der Rhône klassisch, aber auch eine halbtrockene Scheurebe aus Franken kann mit ihrer Fruchtfülle ein ebenso reizvoller Begleiter sein wie Pinot Gris aus dem Elsass. Provenzalisch mit Tomaten, Zwiebeln, Knoblauch und Olivenöl zubereitet, verlangt die Ente nach einem kräuterwürzigen Rotwein, wie er nirgendwo schöner als im Süden Frankreichs entsteht.

Dem kalorienreichen und nicht ganz leicht verdaulichen Fleisch der *Gans* stellen Sie am besten kräftige, im Einzelfall sogar tanninbetonte Rotweine zur Seite, da Gerbstoffe sehr gut in der Lage sind, das Fett der Gans zu neutralisieren. Zur jugendlich-zarten Brust gefallen junge Weißweine, zur Keule mit Knoblauch, Zwiebeln und Grieben begeistert portugiesischer Dao Tinto, und zur Gans mit Sauerkraut ist Pinot Gris aus dem Elsass perfekt.

Wird eine *Putenkeule* in der Pfanne gebraten und im Bratensaft serviert, sind leichte, tanninarme Rotweine ideale Begleiter, kommt sie mit einer Sahnesauce auf den Teller, sind hingegen kraftvolle, cremige Weißweine erste Wahl. Zum knusprig ausgebackenen Wiener *Backhendl* passen die samtig-milden, zart-würzigen Weißweine der niederösterreichischen Thermenregion: Neuburger, Zierfandler und Grüner Veltliner. Ein Klassiker aus Frankreich ist „Coq au Vin", in Rotwein geschmortes Geflügel. Zarte, tanninarme Rotweine können als Begleiter ihre besonderen Fähigkeiten zu diesem Gericht voll ausspielen – zum Beispiel Spätburgunder von der Ahr oder Samtrot aus Württemberg.

Wein und Käse – ein Stück Lebensqualität 48

Frisches, knuspriges Brot, eine schöne Käseauswahl und dazu einen guten Wein. Für viele ist genau das der Inbegriff des „Savoir vivre". Doch nach welchen Kriterien kombiniert man Wein und Käse? Ganz wesentlich ist der persönliche Geschmack, doch gibt es auch hier ein paar Faustregeln, die bei der Zusammenstellung von Wein und Käse hilfreich sind.

Bei näherer Betrachtung haben Käse und Wein vieles gemeinsam: eine jahrhundertealte Tradition, ähnliche Herstellungsverfahren und Qualitätskontrollen, gemeinsame Konsumanlässe und eine positive Wirkung auf unsere Gesundheit. Für den Geschmack des Weines spielen Standort der Weinberge, Rebsorte und Behandlung von Traubensaft und Wein eine entscheidende Rolle. Für die Käseherstellung sind die Konsistenz der Milch sowie die Produktionsmethoden am wichtigsten. Gras und Reben erhalten beste Voraussetzungen auf kargen, mineralreichen Böden. Nicht zuletzt entstehen Käse und Wein beide durch Gärprozesse.

In Reifungskellern kann ein Käse bis zu fünfmal gären. Während dieser Vorgänge wird der Milchzucker und das Eiweiß zu verschiedenen Säuren und Gärprodukten abgebaut, die dem Käse den Geschmack verleihen. In der *ersten Stufe* verwandelt sich Milchzucker zu Milchsäure. Die

Käse erhalten so einen leicht säuerlichen, pikanten Geschmack. Typische Vertreter sind Frischkäse, Hüttenkäse, Petit Suisse, Quark, Pecorino und Bel Paese. Trockener, nicht mehr ganz junger Riesling mit nicht zu viel Alkohol, junger Silvaner oder Müller-Thurgau stellen akzeptable Ergänzungen zu diesen Käsen dar.

Zweitens kann parallel Eiweiß in Aminosäuren und deren Abbauprodukte aufgespalten werden. So entsteht ein kräftiger, sehr aromatischer Geschmack, der manchmal auf angenehme Weise leicht bitter oder leicht süß ausfallen kann. Beispiele sind: Sbrinz, Parmesan, Edamer und Cheddar. Sehr kräftiger, trockener Riesling – nicht zu jung – ist eine ebenso gute Begleitung wie Grüner Veltliner aus Österreich.

In einem *dritten Gärvorgang* wird Milchsäure teilweise in Propionsäure abgebaut. So entsteht der charakteristische Geschmack des Emmentalers, der etwas Süße aufweist und gut von einem säurearmen, nicht zu alkoholreichen Weißwein (Gutedel, Chardonnay) begleitet werden kann.

Im *vierten Gärvorgang* kann Fett in Glyzerin und freie Fettsäuren geteilt werden. Da Glyzerin süß schmeckt, kommen zu solchen Käsen in der Regel Dessert- oder edelsüße Weine zum Zuge. In diese Kategorie fallen alle *Blauschimmelkäse* wie Gorgonzola, Stilton oder Roquefort. Die milderen Sorten wie Fourme d'Ambert, Bresse-Bleu-Käse und Bavaria Blue benötigen kräftige, nicht zu süße Weine mit guter Säure (zum Beispiel Scheurebe Auslese). Zu Roquefort passt am besten edelsüßer Sauternes, zu Stilton Jahrgangsport und zu Gorgonzola Recioto della Valpolicella aus Italien.

In der Gruppe der *Weißschimmelkäse* ist die Rinde der geschmacksintensive Bestandteil. Deshalb müssen die Weine mit der Schimmelflora harmonieren, die meist nach Champignons schmeckt. Dies gelingt am besten mit fruchtigen, aber nicht zu säureintensiven Weißweinen ohne Barriqueausbau. Das ist die Domäne von Chardonnay, Weiß- und Grauburgunder. Leichte und nicht allzu tanninbetonte Rotweine passen in der Regel auch gut. Eine besonders interessante Geschmackshochzeit zu diesen Käsen (zum Beispiel Chaource oder Brillat-Savarin) bieten trockene Schaumweine. Camembert liebt reifen roten Médoc.

Auch die *Rotschmierkäse* werden geschmacklich vor allem von der Rinde bestimmt, obwohl man sie in der Regel nicht mitisst. Hier sind Hart- (Greyerzer), Halbhart- (Tilsiter, Appenzeller, Tête de Moine, Vacherin) und Weichkäse (Reblochon, Taleggio, Münster, Limburger, Ramadur und Pont l'Evêque) zu unterscheiden. Zwar bestehen große Geschmacksunterschiede, trotzdem erhalten diese Käse durch den Belag eine gemeinsame geschmackliche Basis, die für die Weinauswahl relevant ist. Kräftiger, trockener Riesling und Elsässer Gewürztraminer sind hier gefragt. Je nach persönlicher Vorliebe harmoniert auch ein kräftiger Grauburgunder oder Sauvignon blanc recht gut.

Bei *Ziegen- und Schafskäse* kommt der Milchgeschmack am stärksten zur Geltung, sodass sie nicht in die bisherigen Gruppierungen einzuordnen sind. Obwohl beide in sehr unterschiedlichen Herstellungsmethoden und Reifungsgraden angeboten werden, lässt sich auch hier allgemein festhalten, dass frische, nicht zu säurebetonte Weißweine besser passen als Rotweine. Trockene Weiß- und Grauburgunder harmonieren sehr gut mit Schafskäse, Sancerre und Weine aus der Rebsorte Sauvignon blanc passen bestens zum Ziegenkäse. Zu cremig-frischem Ziegenkäse empfiehlt sich ein kräftiger trockener Rosé, zum Beispiel von der Rhône.

Wussten Sie schon ...

- Zu Käse mit hohem Salzgehalt passen nur Weine mit niedriger Säure, denn Salz und Säure addieren einander negativ.
- Tanninreiche Rotweine harmonieren nur in Ausnahmefällen mit Käse, nämlich dann – wie es bei einem kräftigen Rhônewein (Châteauneuf-du-Pape, Gigondas) der Fall ist –, wenn die Gerbstoffe in höherem Alkohol und Glyzerin eingebettet sind.

Wein und Schokolade – die süße Verführung 49

Man muss schon einen leichten Hang zum Verrückten haben, wenn man zu einem edlen Wein nicht etwa eine „anständige" Kochkreation auffahren lässt, sondern mit einer Tafel Schokolade für Verblüffung sorgt. Dann steht die Weinwelt erst einmal Kopf. Wo dem Traditionalisten die Sinne versagen, öffnet sich experimentierfreudigen Weintrinkern ein Reich der unbegrenzten Möglichkeiten. Gereifte rote Gewächse zu einem Schokoladendessert – das ist in Frankreich bereits ein Klassiker. Edelsüße Knabberstücke und fassgereifte Ports gehören auch in England zum bewährten Pflichtprogramm, und die Italiener genießen zum krönenden Abschluss eines Menüs oder für die Kaffeepause zwischendurch schon einmal einen Likörwein zu edler Schokolade.

In Deutschland können viele Weinliebhaber dieser ungewöhnlichen Verbindung noch wenig abgewinnen. Ein Grund für diese kulinarische Zurückhaltung unter den Weinliebhabern hierzulande mag wohl darin liegen, dass Deutschland traditionell ein Milchschokoladeneldorado ist.

Dabei sind es aber gerade die edelbitteren Sorten, die insbesondere in den südlichen Ländern den Geschmacksnerv treffen und der Kombinationslust zu ungeahnten Höhepunkten verhelfen.

Allgemeiner Tenor solcher Bemühungen: Wein und Schokolade ist eine unterschätzte, immer noch verkannte Traumpaarung, der mit einiger Überzeugungsarbeit zum gebührenden Durchbruch verholfen werden sollte. Dabei ist diese Kombination gar nicht so weit hergeholt: Gerade in Rebsortenweinen wie Merlot, Tempranillo, Garnacha oder Cabernet findet man immer wieder neben anderen Aromen auch den feinen Duft von (Bitter-)Schokolade. Schon über solche Aromenverwandtschaften lässt sich bereits eine vage sinnliche Verbindung herstellen.

Wer die Probe aufs Exempel machen möchte, der sollte zu hochwertigen Weinen und Schokoladensorten greifen. Bloße Konfektionsware lässt kaum Gaumenfreuden aufkommen. Die gängige Meinung, je höher der Kakaoanteil einer Schokolade, desto besser die Qualität, trifft nur teilweise zu. Entscheidender ist die Qualität der Zutaten: Schokolade mit Niveau präsentiert sich ohne billige Fremdfette (Palmöl, Kokosfett), die der Kakaobutter bis zu 5 Prozent beigegeben werden dürfen; Zucker sollte stets sparsam zum Einsatz kommen; und Konservierungsmittel sind bei den Schokolatiers ohnehin verpönt.

Auf der Suche nach der Geschmacksarchitektur von Schokolade und Wein sollten folgende Grundregeln beachtet werden:

- Je höher der Kakaoanteil in der Schokolade, desto trockener darf der Wein sein!
- Zu edelbitteren bis zartbitteren Schokoladenkuvertüren sollten bei einer Probe eher Rotweine gereicht werden.
- Dunkle, edelherbe Naschwerke vertragen sich gut mit kräftigen, fruchtbetonten, trockenen Rotweinen.
- Je tanninhaltiger ein rotes Gewächs, desto milder sollte die Schokolade sein.
- Für herbe Sorten mit 64 Prozent Kakaoanteil, die weniger süß schmecken, ist ein fruchtiger Rotweintyp mit wenig Tanninen und rundem Charakter als Begleiter denkbar. Gebändigte Rotweintannine, die sich geschmeidig am Gaumen zeigen, gehen mitunter eine ideale Verbindung mit den Kakaoaromen ein.
- Besonders aromatische Rotweintypen mit sehr dichter Struktur passen sehr gut zu Schokolade, die um 70 Prozent Kakaoanteil hat.
- Herbe Bitterschokolade mit 85 Prozent oder gar 99 Prozent Kakaoanteil ist in der Kombination mit Wein eher mit Vorsicht zu genießen. Gerade das „99er-Kaliber“ – Kakao pur! – wirkt mundtrocknend und erschlägt fast jedes edle Gewächs.

- Als schwierig erweist sich auch die Verbindung süßer Vollmilchschokolade mit einem Kakaoanteil um 40 Prozent mit trockenen Weinen. Hier empfiehlt sich die Paarung mit Port und Banyals.
- Weiße Schokoladen harmonieren in der Regel gut mit halbtrockenen und edelsüßen Weinen wie zum Beispiel Riesling Eisweinen.

Wein zum Dessert – ein runder Abschluss 50

Zwischen Dessert und Wein kann nur eine Harmonie entstehen, wenn der Wein mindestens genauso süß ist wie das Dessert. Trockene Weine, insbesondere trockene Schaumweine, scheiden daher grundsätzlich aus. Vergewissern Sie sich, welches die geschmacklich dominanten Bestandteile des Desserts sind, und orientieren Sie Ihre Weinauswahl daran. Stehen frische und fruchtige Merkmale im Vordergrund, kommen vor allem fruchtbetonte Begleiter mit lebhafter Säure in Frage, bestimmen sahnige und cremige Komponenten den Gaumenauftritt, sollte der Wein süßer oder alkoholreicher sein und nur über eine mäßige Säure verfügen.

Zum *Apfelkuchen* ist eine Riesling Auslese von der Mosel klassisch. Säure und Süße spielen hier meist perfekt ineinander und verleihen dem Apfelkuchen einen würdigen Rahmen. Je nach Süße des Kuchens können auch weniger süße Spätlesen oder sehr süße Beerenauslesen zum Einsatz kommen.

In einem Wiener Kaffeehaus *Apfelstrudel* schlemmen und einen Kaffee dazu schlürfen, ist schon ein Erlebnis der besonderen Art. Fast noch aufregender wird es, wenn Sie zum Strudel einen jener üppig süßen Weine aus Rebsorten wie Bouvier, Traminer, Ruländer oder Welschriesling genießen. Zu einem würzigen, nussigen Apfelstrudel ist ein österreichischer Ausbruch ideal, Beeren- und Trockenbeerenauslesen sowie süße Loireweine sind ein passabler Ersatz.

Birnen-Gorgonzola-Strudel ist ein geschmacklich recht komplexes Dessert. Die Süße von Strudelmantel und Füllung wird untermalt von dezenter Birnensäure und pikant-würzigem Gorgonzola. Ideal hierzu wäre ein Sauternes, aber auch preiswertere Süßweine wie Loupiac, Cadillac oder Jurancon kommen in Frage.

Birne Helene fühlt sich vor allem in Begleitung eines Banyuls aus dem Roussillon pudelwohl. Diesem Süßwein gelingt es hervorragend, das Aroma der Schokoladensauce aufzunehmen und durch Hinzufügung weiterer Aromen von Trockenfrüchten und süßen Gewürzen auf geniale Art und Weise zu ergänzen. *Cantuccini* sind harte, süße Makronen, die man zu oder eingetaucht in toskanischen Vin Santo genießt, einem starken, holzfassgereiften Wein aus getrockneten Trauben. Setúbal Moscatel, süßer Sherry, Madeira und Tokajer passen ebenfalls vorzüglich.

Einen passenden Wein zu aromatischem *Christstollen* zu finden, ist wahrlich nicht leicht. Da kommt am ehesten ein kraftvoller, nicht übermäßig süßer Muscat de Beaumes-de-Venise in Frage, der die komplexe Aromatik des Stollens bestens bedienen kann.

Zur *Crème Brulée* wählt man am besten einen üppigen, vollmundigen Süßwein mit cremiger Textur. Infrage kommen vor allem Weine aus der Rebsorte Sémillon, entweder der Klassiker aus Sauternes oder botrytisgeprägte Pendants aus Australien. Auch aufgespriteter Muskateller und österreichischer Ausbruch machen als Begleiter eine gute Figur. Dieselben Weine können Sie getrost auch zur *Crème Caramel* genießen.

Eiscreme ist – so steht es in fast allen einschlägigen Quellen – als Partner zum Wein völlig ungeeignet. Ihre betäubende Wirkung erschlägt in der Tat so ziemlich jeden Begleiter, nur australischer Muskateller-Likörwein ist nicht klein zu kriegen. Er passt am ehesten zu Eis mit Schokoladen-, Kaffee-, Vanille-, Rumtrauben-, Nuss- und Pralinengeschmack, schmiegt sich aber auch erstaunlich erfolgreich an Fruchteis an. Ultrasüßer PX-Sherry und die aufgespriteten Muskatellerweine Südfrankreichs sind zum Eis nur zweite Wahl.

Vanillecreme und vanillewürziger Sauternes sind klassische Partner, aber auch den beiden aufgespriteten Muscat-Varianten aus Rivesaltes und Beaumes-de-Venise gelingt ein fast traumwandlerisch sicheres Zusammenspiel.

Auch *Obstsalat* und *Rote Grütze* präsentieren sich von ihrer charmantesten Seite, wenn Sie ihnen einen Wein zur Seite stellen, der zumindest leicht schäumt. Ideal für den Obstsalat ist ein Moscato d'Asti, während Rieslingsekte mit dezenter Süße die üppige Fruchtigkeit der Roten Grütze perfekt begleiten.

Kaiserschmarren harmoniert prächtig mit halbtrockenem Riesling- und Weißburgundersekt, die beide eine fröhliche Grundstimmung zum Genuss der wohl beliebtesten österreichischen Mehlspeise beisteuern.

Sachertorten sind ungemein üppig und können deshalb nur von den süßesten Dessertweinen angemessen eskortiert werden. Beerenauslesen, Trockenbeerenauslesen und aufgespritete Weine kommen als Begleiter voll auf ihre Kosten.

Zum *Zwetschgenkuchen* lassen Sie sich am besten von der Aromenpracht eines Südtiroler Rosenmuskateller Passito verführen. Zumindest für einen Augenblick lang werden Sie so auf eine Reise ins Paradies der Harmonie von Wein und Speise mitgenommen.

Zum Schluss

Liebe Leserin, lieber Leser,

nun ist die Zeit gekommen, mich zu verabschieden. Die 50 wichtigsten Dinge, die Sie über Wein wissen sollten, habe ich auf den vorangegangenen Seiten aufgeschrieben. Zugegeben, noch lieber hätte ich Ihnen all diese Dinge mündlich vorgetragen und dabei zugesehen und nachempfunden, wie es bei Ihnen ankommt, wie Sie es aufnehmen. Vielleicht schreiben Sie mir ja einmal (info@staudt-weinseminare.de), ob die Lektüre Sie auf dem Weg zum Wein ein wenig vorangebracht oder gar zum Entstehen einer neuen Leidenschaft beigetragen hat. Das nämlich ist mein Herzenswunsch und der eigentliche Daseinszweck dieses Buches.

Möge es Ihr Reisebegleiter sein auf den verschlungenen Pfaden zu Ihrem ganz persönlichen Zugang zum Wein, auf dass Lust und Begeisterung bei jeder Flasche, die Sie öffnen, bei jedem Schluck, den Sie genießen, immer wieder aufs Neue entfacht werden. A votre santé!

Wolfgang Staudt

In diesem Buch ist die Liebe zum Wein Wort geworden. Der Leser spürt in jedem Abschnitt aufs Neue die tiefe Verbundenheit des Autors mit dem Wein sowie seine Passion, den Leser an seiner Begeisterung teilhaben zu lassen.

Dabei ist es keineswegs verwunderlich, wie genau er die Fragen und Bedürfnisse seines Publikums kennt. Seine langjährige Tätigkeit als Weinreferent hat ihn gelehrt, was all den Menschen, die beginnen oder gerade begonnen haben, die Welt des Weins für sich zu entdecken, auf den Nägeln brennt. Mit einem Glas Wein in der einen und diesem Buch in der anderen Hand wünschte man sich, die Zeit würde für ein paar Momente stehen bleiben. Für Einsteiger, Wiedereinsteiger und alle Weinfreaks, die schon mal Gewusstes auffrischen wollen. Eine besondere Empfehlung unseres Verbandes!

Fachverband unabhängiger Weinreferenten e.V.

Max Hendlmeier und Ulrike Banse
Fachverband unabhängiger Weinreferenten e.V.

Danksagung

Zunächst und vor allem möchte ich meinen Seminarteilnehmern und -teilnehmerinnen für die vielen interessanten Fragen, Anregungen und Feedbacks danken. Sie haben auf oft unscheinbare, aber ungemein fruchtbare Art dazu beigetragen, dass die Ideen, die dieser Publikation zugrunde liegen, wachsen und gedeihen konnten. Auch all jenen Menschen in der deutschen Weinszene, die mir am Telefon, in Gesprächen oder per E-Mail bereitwillig Auskunft gegeben haben, sage ich Dankeschön.

Ein besonderer und sehr herzlicher Dank gilt einem kleinen Kreis von Freunden und Unterstützern, die sich viel Zeit genommen haben zum Diskutieren und Redigieren und die mit ihrer unbeirrbaren, aber ermutigenden Kritik entscheidend dazu beigetragen haben, dass ich meine Vorhaben zielstrebig, aber stets selbstkritisch zu Ende gebracht habe.

Danke sagen möchte ich auch dem Westend Verlag, ohne den dieses Buch nicht zustande gekommen wäre. Dieser Dank gilt insbesondere Rüdiger Grünhagen, der es in jeder Phase verstanden hat, den Entstehungsprozess kritisch und einfühlsam zu begleiten und immer ein offenes Ohr für meine Sorgen und Wünsche hatte. Ich hoffe, dies war nicht das letzte gemeinsame Projekt.

Last but not least bedanke ich mich bei meiner Familie, bei Rosemarie und Frederik für ihre Geduld und ihr Verständnis in einer für alle Beteiligten nicht immer ganz leichten Zeit. Mein Hund Cooper sorgte dabei stets für die nötige Gelassenheit und auf unseren ausgedehnten Spaziergängen für geistige Erfrischung.

Danke Euch allen!

Über Geschmack lässt sich nicht streiten

Markus Haxter erklärt in diesem Buch die einfachen Wahrheiten wirklich guten Essens. Es geht ihm dabei nicht um Rezepte oder Kochtricks – bei ihm steht ganz klar der Geschmack der Lebensmittel im Vordergrund. Von der Putenbrust über Wurzelgemüse und Kräuter bis hin zur Basiszutat Butter: Was macht die Qualität dieser Lebensmittel aus und in welchen Variationen sind sie einsetzbar? Wir haben verlernt, unsere Lebensmittel zu schmecken und schätzen zu lernen. Haxter zeigt anhand 50 einfacher Dinge, was gutes Essen wirklich ausmacht und wie wir das erkennen können – denn auch guter Geschmack will gelernt sein!

Mit einem Vorwort von
Drei-Sterne-Koch Dieter Müller

Markus Haxter:
50 einfache Dinge, die Sie
über gutes Essen wissen sollten
Westend,
erscheint voraussichtlich
im Januar 2006
ca. 168 Seiten, EUR 14,90,
ISBN 3-938060-03-4